죽음의 푸가

―파울 첼란 시선

SELECTED POEMS OF PAUL CELAN
Selections from:
DER SAND AUS DEN URNEN. Copyright © 1948 by Paul Celan, Wien. All rights reserved by Suhrkamp Verlag, Frankfurt am Main.
MOHN UND GEDÄCHTNIS. Copyright © 1952 by Deutsche Verlags-Anstalt GmbH, Stuttgart
VON SCHWELLE ZU SCHWELLE. Copyright © 1955 by Deutsche Verlags-Anstalt GmbH, Stuttgart
SPRACHGITTER. Copyright © 1959 by S. Fischer Verlag, Frankfurt am Main
DIE NIEMANDSROSE. Copyright © 1963 by S. Fischer Verlag, Frankfurt am Main
ATEMWENDE. Copyright © 1967 by Suhrkamp Verlag, Frankfurt am Main
FADENSONNEN. Copyright © 1968 by Suhrkamp Verlag, Frankfurt am Main
LICHTZWANG. Copyright © 1970 by Suhrkamp Verlag, Frankfurt am Main
SCHNEEPART. Copyright © 1971 by Suhrkamp Verlag, Frankfurt am Main
ZEITGEHÖFT. Copyright © 1976 by Suhrkamp Verlag, Frankfurt am Main
DIE NEUE RUNDSCHAU, 71, No. 2 (1960). Copyright © 1983 by Suhrkamp Verlag, Frankfurt am Main

Korean translation edition is published by arrangement with Suhrkamp Verlag, Deutsche Verlags-Anstalt, S. Fischer Verlag through MOMO Agency.

LE MÉRIDIEN. Copyright © 2001 by Editions du Seuil.
Collection La Librairie du XXIe siècle, sous la direction de Maurice Olender.
All rights reserved.

Korean translation edition is published by arrangement with Editions du Seuil.

Korean Translation Copyright © 2011 by Minumsa

이 책의 한국어 판 저작권은 Editions du Seuil와 계약하고, 모모 에이전시를 통해
Suhrkamp Verlag, Deutsche Verlags-Anstalt, S. Fischer Verlag과 계약한
㈜**민음사** 에 있습니다.

저작권법에 의해 한국 내에서 보호를 받는 저작물이므로
무단 전재와 무단 복제를 금합니다.

죽음의 푸가
―파울 첼란 시선

파울 첼란 · 전영애 옮김

민음사

차 례

죽음의 푸가

눈 하나, 열린	17
꽃	18
언어창살	20
무덤 근처	22
포도주와 상실 곁에서	24
목각별 하나	25
…… 촬촬 샘물이 흐른다	26
그들 속에 흙이 있었다	28
찬미가	30
만돌라	32
운하 수문	34
서 있기	36
박해받은 이들과	37
모래예술은 이제 그만	38
언젠가	39
죽음의 푸가	40

양귀비와 기억

절반의 밤	45
마리아네	46
유골 항아리에서 나온 모래	48
프랑스 추억	49
먼 곳의 찬양	50
온 생애	52
애굽에서	53
코로나	54
무적(霧笛) 속으로	56
화인(火印)	57
누군가	58
크리스탈	59
수의	60
그녀가	61
풍경	62
정적이여!	63
헤아려라	64

문턱에서 문턱으로

나는 들었다	69
붉은 노을 속에	70
도끼로 유희하며	71
삼단 같은 머리	72
어렴풋한 모습	74
어둠에서 어둠으로	75
아시시	76
프랑수아를 위한 비명(碑銘)	78
열쇠를 번갈아가며	79
정물(靜物)	80
그리고 아름다운 것	81
돌 언덕	82
벌판들	83
밤 쪽으로 젖혀진	84
시간의 눈	86
쉬볼렛	87
가묘(假墓)	90
어느 돌을 네가 들든	92
그대도 말하라	93
침묵의 증거	95

언어창살

목소리들	101
확신	105
편지와 시계로	106
귀향	108
홈	110
흑암	112
여름 소식	114
쾰른, 암 호프	115
그림 하나 아래로	116
스트렛토	117

실낱태양들

깨물린 자국	185
온스 진실	186
잠부스러기	187
진실	188
너는	189

빛의 강박

듣고 남은 것들, 보고 남은 것들	193
언젠가	194
토트나우베르크	195
거기 내가	198
두드려	199

눈[雪]파트

보랏빛 공기 — 203
당신은 누워 있구나 — 204
읽을 수 없음 — 206
눈[雪]파트 — 207
이파리 하나 — 208
영원이 — 209
더듬더듬 따라 말할 세상 — 210

시간의 뜨락

나팔자리 — 213
양극(極)이 — 214
있으리 — 215
크로커스 — 216
너를 써넣지 마라 — 217
시 닫고, 시 열고 — 218

산문들

자유 한자 도시 브레멘 문학상 수상 연설	221
자오선—게오르크 뷔히너 상 수상 연설	225
산속의 대화	249

파울 첼란과 그의 시 세계

- 작가 소개 | 파울 첼란에 대하여·전영애   259
- 시론 | 대화의 시학—「자오선」 해설·전영애   263
- 대표 시 해설 | 아우슈비츠 이후의 시—「죽음의 푸가」 해설·전영애   267

옮긴이의 말	277
작가 연보	281

일러두기

1 외래어 표기는 원칙적으로 현행 맞춤법에 따르되, 일부 단어는 옮긴이의 의견에 따라 표기하였다. (예를 들어, '튀빙겐'은 '튀빙엔'으로, '바흐만'은 '바하만'으로, '카를'은 '카알'로 표기했다.)
2 띄어쓰기는 합성어의 경우 원칙적으로 국립국어원 표준국어대사전 표제어로 등재된 단어만 붙여 썼으나, 첼란이 여러 단어를 결합시켜 만든 조어는 모두 붙여 한 단어로 표기했다. (예를 들어, '목각별', '모래예술', '모래책'으로 모두 붙여 표기했다.)
3 원문에서 강조의 의미로 쓰인 이탤릭체는 고딕체로 옮겼고, 대문자로만 표기된 단어는 볼드체로 옮겼다.
4 주석은 모두 옮긴이의 것이다.
5 본문의 「아우슈비츠 이후의 시―「죽음의 푸가」 해설」은 옮긴이의 저작물 『어두운 시대와 고통의 언어: 파울 첼란의 시』(문학과지성사, 1986)에서 발췌한 내용을 옮긴이가 새로 가감하여 실었다.

죽음의 푸가

* 이 장에서는 뒤 장들에서 이어지는 첼란의 시집 아홉 권에 대한 권별 시선과는 별도로 대표 시를 선별하였다.

눈 하나, 열린

오월 빛깔, 서늘한, 시간
이제는 부를 수 없는 것, 뜨겁게
입안에서 들린다.

다시금, 그 누구의 목소리도 없고,

아파 오는 안구의 밑바닥.
눈꺼풀은
가로막지 않고, 속눈썹은
들어오는 것을 헤아리지 않는다.

눈물 반 방울,
한층 도수 높은 렌즈, 흔들리며,
너에게 모습들을 전해 준다.

눈 하나 : Ein Auge. 첼란의 시에서 빈번히 나오는 고통의 심상이다. 외눈, 감기지 못한 눈, 뜬 채로 굳어진 눈, 생명의 물기를 잃어버린 눈, 본 것이 준 고통이 각막에 지워지지 않는 상흔으로 남아 지층에 총총히 박혀 있는 눈 등. 이 시는 『언어창살』에 수록되어 있다.

꽃

돌.
내가 따라갔던 공중의 돌.
돌처럼 멀어 버린 너의 눈.

우리는
손이었다,
어둠을 남김없이 퍼냈다, 찾았다
여름을 타고 올라온 단어.
꽃.

꽃——맹인의 단어.
너의 눈과 나의 눈이
물을
마련한다.

성장(成長).
마음의 벽이 한 꺼풀 한 꺼풀
떨어져 내린다.

이런 단어 하나 더, 그러면 종추(鍾錘)들이
트인 곳에서 흔들린다.

꽃 : 경직된 이미지로 가득한 시집 『언어창살』에 수록된 시다. 서정시의 대표
적인 대상, 혹은 시 자체의 은유로서의 꽃의 이미지는 시의 역사만큼이나
많은 굴곡을 겪어 왔지만, 이 시에서 그려지는 꽃은 시사(詩史)에서 또 하
나의 이정표가 될 것이다. 경직된 의식에는 역사의 고통이 서려 있고("돌처
럼 멀어 버린 너의 눈"), 그 가운데서 인식된 사물은 활성화된 언어(꽃=말)
로 전이되어 있다. 그러면서도 눈물로 키운 꽃, 어렵게 찾은 소중한 언어, 허
물어지는 마음의 벽, 울려 퍼지는 종소리에의 꿈 역시 이 시에 담겨 있다.
종추들이 트인 곳에서 흔들린다 : 얽매임 없이 울리는 여러 개의 종소리를 나타
낸 표현이다.

언어창살

창살 사이의 안구(眼球).

섬모충 눈꺼풀이
위로 노 저어 가
시선 하나를 틔워 준다.

유영하는 아이리스, 꿈 없이 우울하게,
심회색(心灰色) 하늘이 가깝구나.

갸름한 쇠 등잔 속, 비스듬히,
천천히 타는 희미한 관솔 등화(燈火).
빛 감각에서
너는 영혼을 알아본다.

(내가 너 같았으면. 네가 나 같았으면.
우리 한 무역풍 아래
서 있지 않았던가?
지금은 낯선 이들인 우리.)

타일들. 그 위에
바싹 붙어 있다, 두 개의
심회색 물줄기.
두 개의
입안 가득한 침묵.

언어창살 : Sprachgitter. 원래 중세 수도원 면회실의 창살문을 가리키며 이것을 사이에 두고 수도 중인 사람과 외부 면회자가 이야기를 주고받았다. 이를 '언어창살'로 직역한 것은, 그 창살문의 이미지가 여기서는 소통과 단절의 기능을 동시에 가지는 언어와 접목되었기 때문이다. 가까우면서도("타일들. 그 위에/ 바싹 붙어 있다, 두 개의/ 심회색 물줄기.") 낯설고 단절된("두 개의/ 입안 가득한 침묵.") 인간관계가 현미경적 이미지들로 포착되어 있다. 이 시는 『언어창살』에 수록되어 있다.
아이리스 : 무지개의 여신. 눈의 홍채를 뜻하기도 한다. 여기서는 안구의 홍채와 안구의 홍채 속을 헤엄치는 아이리스를 동시에 보여 준다.

무덤 근처

남녘 만(灣)의 물은 아직 알고 있을까요,
어머니, 당신에게 상처를 남긴 파도를?

한가운데 물방아들이 있는 벌판은 알까요,
얼마나 나직하게 당신의 가슴이 당신의 천사들을 견뎠는지?

어떤 은(銀)포플러도 어떤 수양버들도, 이제는,
당신의 근심을 거둬 가지 못하지요, 위안을 드리지 못하지요?

그런데 신은, 꽃봉오리 피어나는 지팡이를 짚고
언덕으로, 언덕 아래로, 가지 않나요?

그런데 견디시겠어요, 어머니, 아 언젠가, 집에서처럼,
이 나직한, 이 독일어의, 이 고통스러운 운(韻)을?

독일어 : 첼란은 복합적인 이유로 여러 언어를 뛰어나게 구사하였다. 그러나 극한의 체험(「죽음의 푸가」 해설 참조.) 이후 모든 사람을 잃고 홀로 살아남은 첼란은, 독일어로 시를 쓰기로 결심한다. 독일어는 그에게 오로지 고통만을 가져다준 나라의 언어, '살인자들의 언어'였지만, 동시에 모국어('어머니의 말(Muttersprache)')이자 무엇보다 비명에 간 어머니와 어린

시절 함께 즐겁게 읽었던 문학의 언어였던 것이다. 첼란의 어머니의 사망 시기나 장소는 불명이지만, 유대인들이 송치되었던 흑해변 드네프르 강 연안('남녘 만')으로 추정된다. 이 시는 첼란이 한정판으로 냈다가 회수한 첫 시집 『유골 항아리에서 나온 모래』에 수록되어 있다.

포도주와 상실 곁에서, 그
두 잔이 다 기울었을 때

나는 눈 속을 달렸어, 당신, 듣고 있지,
내가 신(神)을 타고 달렸어, 먼 곳으로──가까운 곳으로, 그가 노래했어,
그건
인간-장애물을
넘던 우리의 마지막 승마였어.

그들은 무릎을 꺾었어,
우리가 그들을 넘어가는 소리를 들으면, 그들은
썼어, 그들은
우리의 말 울음소리를
거짓말로 바꿔 적었어
그림 그려진 그들의 언어 하나로.

포도주와 상실 곁에서 : 이 시는 『그 누구도 아닌 이의 장미』에 수록되어 있다.

목각별 하나, 파란,
조그만 마름모꼴들을 모아 맞춘 것. 오늘,
우리 손들 중 가장 어린 손이.

그 말, 어둠으로부터
네가 소금을 떨어뜨리는 동안, 시선이
다시 햇무리를 찾는 동안,

―별 하나, 그걸,
그 별을 어둠 안에 넣어 다오.

(―내 어둠 안에, 내
어둠 안에.)

목각별 하나 : 이 시는 『언어창살』에 수록되어 있다.

⋯⋯ 좔좔 샘물이 흐른다

너희, 기도로-, 너희, 독신(瀆神)으로-, 너희
기도로 날 선
나의
침묵의 칼.

너희 나의 나와 더불어 불(不)
구(具)된 말들, 너희
나의 똑바른 말들.

그리고 너.
너, 너, 너
나의 날마다 진실하게, 더욱 진실하게
껍질 벗겨지는 장미의
훗날—

얼마나 많은, 오 얼마나 많은
세상인가. 얼마나 많은
길인가.

목발인 너, 날개들. 우리—

우리 동요를 부르리, 그걸
네가 듣고 있어, 그 동요
인(人)들과 간(間)들이 있는, 인간들이 함께 있는, 그래, 그
뒤엉킨 덤불과
눈 한 쌍이
거기 함께
눈물- 또-
눈물로 함께 있는 그 동요를.

불구 : 한 단어를 나눠 행을 바꿈으로써 '불구' 상태를 언어 형태로도 나타내고 있다.

뒤엉킨 덤불과 눈 한 쌍 : 눈썹과 눈의 이미지를 드러낸다. 앞 행에서 인간의 고통을 토막 낸 불구의 언어로 나타내고("인(人)들과 간(間)들") 그것을 다시 온전하게 합침으로써("인간들") 그렇게 했듯, 이제 제자리에 모여 울 수 있게 된 눈("눈물- 또-/ 눈물")의 이미지를 통해 동요에 등장할 만한 작은 유토피아를 꿈꾸고 있다. 촬촬 흘러, 생명의 언어를 꿈꾸게 하는 샘물 앞에서. 이 시는 『그 누구도 아닌 이의 장미』에 수록되어 있다.

그들 속에 흙이 있었다, 하여
그들은 팠다.

그들은 파고 또 팠다, 그렇게 하여
그들의 낮이 가 버렸고, 밤 또한 갔다. 그들은 신을 찬양하지 않았다,
그들이 듣기로 이 모든 것을 뜻했다는 이
그들이 듣기로 이 모든 것을 알았다는 이.

그들은 팠으며 더는 아무 말도 듣지 못했다.
그들은 지혜로워지지 않았다, 노래를 지어내지 못했다,
그 어떤 언어도 만들어 내지 못했다.
그들은 팠다.

정적이 왔다, 폭풍도 왔다,
온갖 바다들이 왔다.
내가 파고, 당신이 파고, 버러지도 팠다.
하여 저기 노래하고 있는 것이 말한다, 저들이 파고 있다고.

오 한 사람이 오, 아무도, 오 그 누구도, 오 당신이.
그 어디로도 갈 곳이 없었는데 어디로 가 버렸을까?
오 당신이 파고 내가 팠다, 내가 파서 당신에게로 가니,
우리들 손가락에서 반지가 눈을 뜬다.

파다 : graben. 우리들 안에 '미지의 땅', '잃어버린 낙원'이 있다고 생각하고 시인을 광부로 본 것은 낭만주의 시인 노발리스이며, 황금시대를 그리워하며 '사라진 신들'을 다시 불러오는 것은 횔덜린에게서 자주 나타나는 생각이다. 한편 하이네의 시 「쉴레지엔의 직조공」에서는 '짠다'는 단어가 반복된다. 첼란의 이 시에서 반복되는 단어 '파다'는 시인 개인의 체험과 연관되어 있다. 첼란도 수용되어 있었던, 소위 '노동 수용소'는 유대인들이 임금이나 급식 없이 하루 열여덟 시간 이상씩 죽을 때까지 땅을 파야 하는 곳이었기 때문이다. 마지막 행에서 이 시는 그 모든 것 너머에서, 절망의 끝에서 일회적인 발굴을 성취해 낸다. 이 시는 『그 누구도 아닌 이의 장미』에 수록되어 있다.

찬미가

아무도 흙으로 진흙으로 우리를 다시 빚어 주지 않는다,
아무도 우리의 티끌에 혼을 불어넣어 주지 않는다.
아무도.

찬양하세, 그 누구도 아닌 이.
당신을 위하여
우리가 꽃피려 하노니,
당신을
바라보며.

우리가 하나의 무(無)
였고, 무이며, 언제까지이고
무일지니, 꽃피며.
무의─
그 누구도 아닌 이의 장미여라

그
암술대, 혼(魂)처럼 밝고
꽃실, 하늘처럼 황폐하고

그 화관(花冠) 붉어라
가시
너머, 오 너머로
우리가 노래 불렀던 그 자색(紫色)의 말로.

그 누구도 아닌 이 : Niemand. 독신(瀆神)과 경건이 교차된 신(神)의 이미지
 이다.
장미 : 사랑, 신과의 신비적 합일, 유대 민족 등 다양한 표상을 지닌다. 이 시
 는 『그 누구도 아닌 이의 장미』에 수록되어 있다.

만돌라

만델 안에—만델 안에 서 있는 게 무얼까?
무(無)이지
만델 안에 무가 있지
거기 서 있고 또 서 있지.

무 안에—서 있는 게 누굴까? 왕(王)이지.
거기 왕이, 왕이 서 있지
거기 서 있고 또 서 있지.

    유대인의 곱슬머리, 너는 세지 않는구나.

그리고 너의 눈—네 눈은 어디를 보고 있나?
네 눈이 만델을 마주 보고 있지
네 눈, 무를 마주 보고 있지
왕을 보고 있지
그렇게 멈추어 있지, 언제까지고.

    인간의 곱슬머리, 너는 세지 않는구나.

텅 빈 만델은 로얄 블루.

만돌라 : Mandorla. 중세 교회의 그림이나 조각에서 성인(聖人)의 전신을 아
몬드형으로 감싸도록 장식한 후광. 한편 이 시를 연시(戀詩)로 읽는 해석도
있다. 이 시는 『그 누구도 아닌 이의 장미』에 수록되어 있다.

운하 수문

이 모든 너의
슬픔 너머에, 없다
두 번째 하늘은.

....

그것이 천 마디 말이었던
입 하나를 스치며
잃어버렸다—
잃어버렸다 내가, 내게 남아 있었던
말 하나를,
누이를.

많은 신들을 믿다가
말 하나를 잃어버렸다
나를 찾던 말을.
카디시.

운하 수문으로

나는 통과시켜야만 했다,
그 말을, 다시 소금물로 되돌려—
저 바깥으로 그리고 그 너머로 건져 내기 위하여.
이스코르.

카디시와 이스코르 : 카디시는 '성스러운'이란 뜻의 아람어로 유대교 미사를 마무리하는, 유족을 위한 '진혼의 기도'를 가리킨다. 이스코르는 히브리어로 '(신께서) 기억하시기를'이라는 뜻으로 장례 후, 혹은 추도식에서 모든 회중이 조용히 함께 낭독하는 기도문이다. 이 시가 수록된 시집 『그 누구도 아닌 이의 장미』를 쓰던 무렵 첼란은 유대 문화에 대한 관심이 각별했으며, 관련된 글도 많이 읽었다.(신비주의적인 유대 경전 카발라, 유대 신학자 마르틴 부버의 저서, 유대 철학자 레비나스가 쓴 글 등.) 그 자취가 이 시에도 남아 있다.

서 있기, 공중의
상혼의 그림자 속에

그 누구도-그 무엇도-위해서가-아닌-서 있기.
아무도 모르게
오직
당신을
위하여

그 안에 자리를 가진 모든 것과 함께
언어도
없이.

> 서 있기, 공중의 상혼의 그림자 속에 : 역사의 폭력은 공기에까지 상혼을 남겼고, 시인의 설 자리는 그것이 드리운 그림자 속으로 줄어들어 있다. 절체절명의 고독이 역사, 언어에 대한 회의와 접목되어 하나의 결정(結晶)을 이룬다. 이 시는『숨결돌림』에 수록되어 있다.

박해받은 이들과 뒤늦게,
침묵으로 가릴 수 없
는 빛 발하는
동맹을 이루어.

금박 입힌, 아침의 깊이를 재는 측연(測鉛)이,
네게 와 박힌다 함께
맹세하고 함께
파고 함께
쓰는
발뒤꿈치에.

측연 : 끈에 매달아 수심을 재는 납추. 자주 총알에 비유되는 납덩이가 캄캄한 수심이 아니라 아침의 깊이를 재는 금박 추가 되어 발뒤꿈치에 와 박혔다고 함으로써 뒤꿈치에 날개 달린 장화를 신은 헤르메스의 이미지를 연상시킨다. 떨쳐지지 않는 역사의식과 시적 변용을 통한 상승이 어우러져 첼란 특유의 이미지를 만들어 내고 있다. 이 시는 『숨결돌림』에 수록되어 있다.

모래예술은 이제 그만, 모래책도, 명인도 그만

아무것도 주사위 던져 얻어지지 않는다, 몇 명인가
벙어리는?
열일곱.

그대 물음──그대 대답
그대 노래, 그는 무엇을 알고 있는가?

깊은눈속에서
      ㅍㄷ 눈ㄱ
        ㅡ ㅜ ㅗ

깊은 눈 속에서 : 끝에 이르러서 '깊은 눈 속에서'라는 구절이 한 덩이로 뒤엉
키고 이어 차츰 녹아내리듯 모음만 남는다. 언어에 대한 회의가 극단적으
로 드러나며 실행된 작품이다. 이 시는 『숨결돌림』에 수록되어 있다.

언젠가,
그의 기척을 들은 적이 있다,
그가 세계를 씻고 있었다,
보이지 않게, 밤새도록,
정말로.

하나와 무한(無限),
파괴되어,
'나'되어.

빛이 있었다. 구원.

'나'되어 : '나(ich)'에 동사화 어미 '되다(-en)'를 붙여 만든 조어 'ichen'의 과거형이다. 이 단어는 앞 행의 "파괴되어(vernichtet)" 다음으로 이어지기 때문에 음향상 그 여운처럼 들리고, 또 "빛(Licht)"이라는 단어가 그 뒤로 이어지기 때문에 '파괴'와 '빛' 사이에서 일어나는 무엇인가를 가리키는 것으로 짐작된다. 비슷한 단어를 찾자면 중세 독일어 'iht'('무엇'을 뜻하는 고어)가 있다.(이 경우 번역은 "하나와 무한/ 파괴되었다/ 무엇인가가" 정도가 될 것이다.) 유희처럼 들리기도 하는 언어의 피안, 침묵과 절망의 언어 너머로 절절히 간구된 '구원'이 비쳐 나온다. 이 시는 『숨결돌림』에 수록되어 있다.

죽음의 푸가

새벽의 검은 우유 우리는 마신다 저녁에
우리는 마신다 점심에 또 아침에 우리는 마신다 밤에
우리는 마신다 또 마신다
우리는 공중에 무덤을 판다 거기서는 비좁지 않게 눕는다
한 남자가 집 안에 살고 있다 그는 뱀을 가지고 논다 그는 쓴다
그는 쓴다 어두워지면 독일로 너의 금빛 머리카락 마르가레테
그는 그걸 쓰고는 집 밖으로 나오고 별들이 번득인다 그가 휘파람으로 자기 사냥개들을 불러낸다
그가 휘파람으로 자기 유대인들을 불러낸다 땅에 무덤 하나를 파게 한다
그가 우리들에게 명령한다 이제 무도곡을 연주하라

새벽의 검은 우유 우리는 너를 마신다 밤에
우리는 너를 마신다 아침에 또 점심에 우리는 너를 마신다 저녁에
우리는 마신다 또 마신다
한 남자가 집 안에 살고 있다 그는 뱀을 가지고 논다 그는 쓴다
그는 쓴다 어두워지면 독일로 너의 금빛 머리카락 마르가레테
너의 재가 된 머리카락 줄라미트 우리는 공중에 무덤을 판다 공

중에선 비좁지 않게 눕는다

   그가 외친다 더욱 깊이 땅나라로 파 들어가라 너희들 너희 다른 사람들은 노래하고 연주하라
   그가 허리춤의 권총을 잡는다 그가 총을 휘두른다 그의 눈은 파랗다
   더 깊이 삽을 박아라 너희들 너희 다른 사람들은 계속 무도곡을 연주하라

   새벽의 검은 우유 우리는 너를 마신다 밤에
   우리는 너를 마신다 낮에 또 아침에 우리는 너를 마신다 저녁에
   우리는 마신다 또 마신다
   한 남자가 집 안에 살고 있다 너의 금빛 머리카락 마르가레테
   너의 재가 된 머리카락 줄라미트 그는 뱀을 가지고 논다

   그가 외친다 더 달콤하게 죽음을 연주하라 죽음은 독일에서 온 명인
   그가 외친다 더 어둡게 바이올린을 켜라 그러면 너희는 연기가 되어 공중으로 오른다

그러면 너희는 구름 속에 무덤을 가진다 거기서는 비좁지 않게 눕는다

새벽의 검은 우유 우리는 너를 마신다 밤에
우리는 마신다 너를 점심에 죽음은 독일에서 온 명인
우리는 마신다 너를 저녁에 또 아침에 우리는 마신다 또 마신다
죽음은 독일에서 온 명인 그의 눈은 파랗다
그는 너를 맞힌다 납 총알로 그는 너를 맞힌다 정확하다
한 남자가 집 안에 살고 있다 너의 금빛 머리카락 마르가레테
그는 우리를 향해 자신의 사냥개들을 몰아 댄다 그는 우리에게 공중의 무덤 하나를 선사한다
그는 뱀들을 가지고 논다 또 꿈꾼다 죽음은 독일에서 온 명인

너의 금빛 머리카락 마르가레테
너의 재가 된 머리카락 줄라미트

죽음의 푸가 : 첫 시집 『양귀비와 기억』에 수록된 시 중 가장 유명한 시이다.
  (이 책 말미에 있는 해설 참조.)

양귀비와 기억

DER SAND AUS DEN URNEN. Copyright © 1948 by Paul Celan, Wien.
All rights reserved by Suhrkamp Verlag, Frankfurt am Main.

Nähe der Gräber

MOHN UND GEDÄCHTNIS. Copyright © 1952
by Deutsche Verlags-Anstalt GmbH, Stuttgart

Marianne
Halbe Nacht
Der Sand aus den Urnen
Erinnerung an Frankreich
Lob der Ferne
Das ganze Leben
Corona
In Ägypten
Ins Nebelhorn
Brandmal
Wer sein Herz
Totenhemd
Sie kämmt ihr Haar
Landschaft
Stille!
Zähle die Mandeln
Todesfuge
Kristall

절반의 밤

절반의 밤. 번득이는 눈에 꿈의 단검들로 꽂힌.
고통으로 울부짖지 마라. 깃발처럼 구름이 펄럭인다.
비단 양탄자, 그처럼 절반의 밤은 우리 사이에 펼쳐져, 어둠에서 어둠으로 춤추었다.
그들이 살아 있는 나무로 검은 피리를 깎아 우리에게 주었고, 이제 춤추는 여인이 온다.
그녀는 파도 거품으로 자아낸 손가락을 우리 눈에 담근다.
여기서 누가 아직 울려는가?
아무도. 그리하여 절반의 밤은 희열에 차 소용돌이치고, 뜨거운 팀파니는 울린다.
그녀는 우리에게 고리들을 던져 주고 우리는 그것을 단검으로 받는다.
그녀 우리를 이렇게 맺어 주는가? 사금파리인 듯 소리 울리니, 이제 다시 알겠다.
네가 접시꽃빛 죽음을
맞지 않았음을.

마리아네

라일락도 아니 꽂은 너의 머리, 거울인 너의 얼굴
눈에서 눈으로 구름이 흐른다, 소돔이 바벨로 몰려가듯.
나뭇잎인 양 구름은 탑을 쥐어뜯고 유황불 타는 덤불숲 둘레를 광란한다.

그리고 번개도 번쩍인다 너의 입가에서—바이올린의 잔해를 지닌 저 계곡.
눈〔雪〕빛 이빨로 누군가 바이올린 활을 그으니, 오 더욱 아름답게 갈대는 울렸었는데!

사랑아, 너 또한 갈대이고 우리 모두 비〔雨〕여라.
너의 육신은 비할 데 없는 포도주, 우리 열〔十〕이서 잔을 든다.
곡식 속의 나룻배 너의 가슴을, 우리가 그것을 밤〔夜〕 쪽으로 저어 가느니,
작은 항아리 하나를 채운 푸르름으로, 그렇게 너는 가벼이 우리를 훌쩍 뛰어넘어 가고, 우리는 잠자고 있다…….

천막 앞에 백 명의 병사가 집합하고, 우리는 마시며 마시며 너를 무덤으로 나른다.

이제 세상의 석판 위에서 꿈의 단단한 은화가 쨍그렁 울린다.

은화 : 망자에게 동전을 (입에 물려) 주는 것은 고대 그리스 시대부터의 풍습
이다. 진혼의 모티프가 드러난다.

유골 항아리에서 나온 모래

망각의 집은 곰팡이 슨 초록빛.
나부끼는 문마다 너의 머리 없는 악사가 푸르러진다.
그는 너를 위해 이끼와 쓰라린 치모(恥毛)로 만든 북을 울려 주고
곱은 발가락으로 모래에다 너의 눈썹을 그린다.
그것이 달려 있었던 것보다 더 길게 그린다, 또 네 입술의 붉음도.
너는 여기서 유골 항아리를 채우고 네 심장을 먹는다.

길게 : länger. '오래'라고도 번역 가능하다.

프랑스 추억

그대 나와 생각하자. 파리의 하늘, 때 잊은 커다란 가을나리 꽃…….

우리는 꽃 파는 아가씨에게서 하트들을 샀지.
그건 파랬고 물속에서 꽃피었어.
우리의 방 안에 비가 내리기 시작했고,
우리 이웃 사람이 왔다, 므시외 르송주, 깡마른 난쟁이.
우리는 카드놀이를 했고, 나는 눈동자를 잃었어.
그대는 내게 머리카락을 빌려 주었는데, 그것마저 나는 잃었고, 그는 우리를 내리쳤지.
그가 문밖으로 나가자, 비가 그를 따라갔지.
우리는 죽었는데 숨은 쉬었지.

가을나리 꽃 : 상사화. 봄에 돋은 잎이 죽고 나서 가을에 불쑥 줄기만 솟아나와 피는 (연)보랏빛 꽃으로 강심제로 쓰이는 약용 식물이기도 하다.
므시외 르송주 : Monsieur L'Songe. 프랑스어로 '꿈'을 의인화한 이름.

먼 곳의 찬양

네 눈의 샘 안에
살고 있다, 표류의 바다의 어부들의 그물이.
네 눈의 샘 안에서
바다는 약속을 지킨다.

여기에 나 던지네,
사람들 가운데 머물렀던 가슴 하나
옷들 그리고 맹세의 광채를 벗어던지네.

상복을 입어 나는 더욱 검고, 더욱 벌거벗었다.
배반하며 나는 비로소 충실하다.
나는 나이면서 너다.

네 눈의 샘 안에서
나 떠돌며 약탈을 꿈꾼다.

그물이 그물을 포획하였다,
우리가 껴안은 채 헤어지고 있는 것.

네 눈의 샘 안에서는
교수형 당한 자가 밧줄을 교살한다.

온 생애

선잠 든 태양들은 아침 한 시간 전 네 머리카락처럼 푸르다.
태양들도 새의 무덤을 덮은 풀처럼 빠르게 자라고.
태양들도 유혹한다, 기쁨의 선상에서 우리가 꿈으로 벌였던 유희를.
시간의 백악암에서는 태양들도 비수에 찔린다.

깊은 잠의 태양들은 더욱 푸르다. 네 고수머리도 오직 한 번 그리 푸르렀지.
돈으로 살 수 있는 네 누이의 품 안에서 나는 밤바람으로 머물렀다.
네 머리카락은 우리 위에 드리운 나무에 걸려 있는데, 거기 너는 없었다.
우리는 세계였고, 너는 문 앞의 덤불이었다.

죽음의 태양들은 우리 아이의 머리카락처럼 희다.
네가 모래 언덕에 천막을 쳤을 때 밀물에 밀려 나왔던 아이.
행복의 칼이 우리 위에서 움찔거린다, 꺼진 눈으로.

애급에서

이방 여인의 눈에다 이렇게 말하라, 물이 있으라!
이방 여인의 눈 속에서 네가 아는 물속의 여인들을 찾으라.
룻! 노에미! 미르얌! 그녀들을 물 밖으로 불러내라.
네가 이방 여인 곁에 누울 때 그녀들을 치장해 주라.
이방 여인의 구름머리카락으로 그녀들을 치장해 주라.
룻, 미르얌, 노에미에게 이렇게 말하라,
보라, 내가 이방 여인과 동침하노라!
네 곁의 이방 여인을 가장 아름답게 치장해 주라.
룻, 미르얌, 노에미로 인한 고통으로 그녀를 치장해 주라.
이방 여인에게 말하라,
보라, 내가 그녀들과 동침했노라고!

동침 : 마지막 문장에 이르기까지 아홉 문장이 모두 마치 십계명처럼 나란히 '~하라(Du sollst)'로 시작하고 있다. 룻, 미르얌, 노에미는 유대 여인의 전형적인 이름들이다. '동침'이라는 가장 밀착된 인간관계에 동족의 기억이 스며들어 있다.

이방 여인 : 첼란은 1948년 '정월 스무날' 빈에서 잉에보르크 바하만을 만났다. 독일의 대표적인 현대 시인인 두 사람은 오랫동안 가까우면서도 먼 관계를 유지했는데, 최근 연구와 서간집 출간을 통해 두 사람은 서로의 작품에도 많은 영향을 끼쳤음이 밝혀졌다. 첼란의 시 「코로나」, 「애급에서」와 바하만의 소설 『말리나』가 그 대표적인 예이다.

코로나

가을이 내 손에서 이파리를 받아먹는다. 가을과 나는 친구.
우리는 시간을 호두에서 까 내어 걸음마를 가르친다.
시간은 껍질 속으로 되돌아가기에.

거울 속은 일요일이고,
꿈속에서는 잠을 자고,
입은 진실을 이야기한다.

내 눈은 연인의 음부로 내려간다.
우리는 서로 바라본다,
우리는 서로 어두운 것을 이야기한다,
우리는 서로 양귀비와 기억처럼 사랑한다,
우리는 잠을 잔다, 조개에 담긴 포도주처럼,
달의 핏빛 빛줄기에 잠긴 바다처럼.

우리는 껴안은 채 창가에 서 있고, 사람들이 길에서 우리를 본다.
알아야 할 때가 되었다!
때가 되었다, 돌이 꽃피어 줄 때,
그침 없는 불안으로 가슴이 뛸 때가.

때가 되었다, 때가 될 때가.

때가 되었다.

코로나 : 태양이 완전히 가려졌을 때 그 주위로 번져 나오는 빛의 환(環). 한순간 태양 빛이 꺼지듯 시간의 어두운 원점에 선 연인들의 모습을 그린 연가이다.

무적(霧笛) 속으로

감춰진 거울 속의 입,
자부심의 기둥 앞에 꿇은 무릎,
창살 거머쥔 손이여.

너희에게 어둠이 다다르거든,
내 이름을 불러라,
나를 내 이름 앞으로 끌어가라.

화인(火印)

더는 잠들지 못했다, 우울의 시계 장치 속에 누워 있었기에, 우리.
시곗바늘은 채찍처럼 휘었고,
도로 다시 퉁겨져 피 맺히도록 시간을 후려쳤고,
너는 짙어 가는 어스름을 이야기했고,
열두 번 나는 네 말의 밤에 대고 너를 불렀고,
하여 밤이 열렸고 그대로 열린 채로 있었고,
나는 눈 하나를 그 품 안에 넣고 또 하나는 네 머리카락에 넣어 땋아 주었고,
두 눈을 도화선으로, 열린 정맥으로 얽었고—
갓 번뜩인 번개가 헤엄쳐 다가왔고.

누군가 심장을 가슴에서 뜯어내 밤으로 건네는 이, 장미를 향해 손을 뻗는다.
 그 잎과 가시는 그의 것이니,
 장미는 그의 접시에 빛을 놓고,
 그의 유리잔을 숨결로 채우니,
 그에게서는 사랑의 그림자가 술렁인다.

 누군가 심장을 가슴에서 뜯어내 밤으로 건네며 던져 올리는 이,
 그는 헛맞추지 않고,
 돌을 돌로 치며,
 그의 시계에서는 피가 울리고,
 그의 손에서는 그의 시각이 시간을 친다.
 그이, 보다 아름다운 공을 가지고 놀아도 좋다
 너에 대해, 나에 대해 이야기해도 좋다.

크리스탈

찾지 마라, 내 입술에서 네 입을,
문 앞에서 낯선 이를,
눈에서 눈물을.

일곱 밤 높게 붉음은 붉음에게로 가고
일곱 가슴 더 깊게 손은 문을 두드리고
일곱 장미 더 늦게 우물은 촬촬 흐르고.

수의

네가 가벼움으로 짠 것을
나는 돌의 영광을 위해 입는다.
내가 어둠 속에서 외침들을
깨우면, 수의는 외침들을 실어 온다.

자주, 내가 더듬거려야 할 때,
수의는 잊었던 주름을 잡고,
지금의 나인 이가 용서한다,
지난날 나였던 이를.

그러나 돌 언덕의 신은
자신의 둔탁하디둔탁한 북을 건드리고
옷에 주름이 잡히듯
그 어두운 이의 이마에 주름살이 생긴다.

그녀가 머리를 빗는다 죽은 이의 머리를 빗겨 주듯.
그녀는 푸른 사금파리를 셔츠 밑에 지니고 있다.

그녀는 사금파리 세계를 끈에 꿰어 걸고 있다.
그녀는 말을 알면서도, 웃기만 한다.

그녀는 자신의 미소를 포도주 잔에 섞는다.
너는 그걸 마셔야 한다, 세상에 머물자면.

너는, 그녀가 생각에 잠겨 생(生)을 굽어볼 때,
사금파리가 그녀에게 보여 주는 상(像).

풍경

너희 키 큰 포플러—이 땅의 사람들!
너희 행복의 검은 연못들—너희가 그들을 비추어 죽게 한다!

내가 너를 본다, 누이야, 네가 이 찬란한 빛 속에 서 있음을.

정적이여!

정적이여! 내가 너의 가슴에다 가시를 박고 있구나,
장미가, 장미가
거울 속에 그림자를 드리우고 서 있기에, 피를 흘리고 있기에!
장미는 전에도 피 흘렸다, 우리가 '예'와 '아니오'를 섞었을 때,
우리가 그것을 들이켰을 때,
유리잔이 식탁에서 튀어 올라 쨍그랑 울렸기에.
그 소리는 예고했다, 우리보다 더 오래 어두워졌던 밤을.

우리 탐욕스러운 입으로 마셨다.
소태 맛이었으나,
그래도 포도주처럼 거품 일었다—
나는 너의 두 눈이 뿜는 빛을 따라갔고
우리 혀는 달콤함을 웅얼거렸다……
(그렇게 혀는 웅얼거리고 있다, 그렇게 혀는 여전히 웅얼거리고 있다.)

정적이여! 가시가 네 가슴을 더 깊이 파고든다.
가시는 장미와 한 동아리다.

헤아려라 만델을,
헤아려라, 쓴 것, 너를 눈뜨고 있게 했던 것을,
거기에 나까지 함께 헤아려 다오.

네가 눈을 떴으나 아무도 너를 눈여겨보지 않았을 때, 나는 너의 눈을 찾았다,
나는 저 남모르는 실오리를 자았다,
네가 생각했던 이슬이,
그걸 타고 굴러 내려
항아리에 담겼다, 그 누구의 가슴에도 가 닿지 못한 한마디 말씀이 지키는 항아리.

거기서야 너는 너의 것인 이름 안으로 온전히 들어섰다,
확실한 걸음으로 너에게로 갔다.
네 침묵의 종루에서 종추들이 자유롭게 흔들렸을 때,
귀담아들은 말이 너에게로 울려 나왔고,
죽은 것이 또한 네 어깨에 팔을 둘러,
너까지 셋이서 너희들은 저녁을 지나갔다.

나를 쓰게 만들어 다오.

만델 : 편도(아몬드)를 말한다. '만델형 눈'은 갸름한 눈을 가리키며 '구부러진 코'와 더불어 전형적인 유대인의 외모를 묘사할 때 사용된다.

만델에 나까지 함께 헤아려 다오.

쓴 : '(맛이) 쓰다'는 뜻 외에 '쓰라린' 또는 '혹독한'이라는 뜻으로 쓰였으며 마지막 연 첫 번째 행의 "쓰게"도 마찬가지다. 만델 열매의 '쌉쌀한 떫은' 맛에 '혹독한' 체험이 겹친다.

문턱에서 문턱으로

VON SCHWELLE ZU SCHWELLE. Copyright © 1955
by Deutsche Verlags-Anstalt GmbH, Stuttgart

Ich hörte sagen
Im Spätrot
Mit Äxten spielend
Strähne
Zwiegestalt
Von Dunkel zu Dunkel
Grabschrift für François
Assisi
Mit wechselndem Schlüssel
Und das schöne
Die Halde
Die Felder
Welchen der Steine du hebst
Schibboleth
Kenotaph
Sprich auch du
Argumentum e silentio
Stilleben
Nächtlich geschürzt
Auge der Zeit

나는 들었다

나는 들었다,
물속에는 돌 하나 또 동그라미 하나 있다는 얘기를
물 위에는 말 하나
동그라미를 돌 주위에 놓는 말 하나 떠 있다는 얘기를.

나는 보았다, 내 포플러가 물로 내려가는 것을
나는 보았다, 그 팔이 깊은 곳으로 뻗어 내려가는 것을
나는 보았다, 그 뿌리가 하늘을 향해 어둠을 간구하는 것을.

나는 서둘러 뒤쫓지 않았다,
나는 그저 바닥에서 빵 부스러기를 주워 들었다,
네 눈의 모양과 기품을 지닌 빵 부스러기를
나는 네 목에서 말씀의 목걸이를 벗겨
그 빵 부스러기가 놓인 식탁 가장자리에 둘렀다.

그러자 내 포플러가 이제 보이지 않았다.

붉은 노을 속에

붉은 노을 속에 이름들이 잠자고 있다.
하나를
너의 밤이 깨워
데리고 간다, 하얀 막대들을 따라
마음의 남쪽 벽을 더듬으며
소나무 아래로.
사람 키만 한 소나무 한 그루
성큼성큼 도공(陶工)들의 도시로 걸어간다,
바다시간의
친구 되어 비가 돌아오는 곳으로
푸름 속에서
그것은 어둠을 약속하는 나무말을 한다,
그리고 네 사랑의 이름을
그 음절에 덧붙여 헤아린다.

도끼로 유희하며

밤의 일곱 시간, 깨어 있음의 일곱 해
도끼들을 가지고 유희하며
너는 누워 있다, 일어선 시체들의 그늘에
—오, 나무들 네가 베지 않은 나무들!—
머리맡에는 침묵으로 은폐된 것의 호화로움
말(言)의 구걸은 발치에 두고
너는 누워 유희한다, 도끼로—
그러다 마침내 번득인다, 도끼처럼.

삼단 같은 머리

내가 땋아 주지 않은, 나부끼게 내버려 둔 삼단 같은 머리
오고 가며 희어졌구나
내가 미끄러져 스쳐 간 이마에서 흘러내려
이마의 해(年)에——

이것은, 만년설을 위하여
일어선 말(言) 하나
내가 눈(眼)들에 여름처럼 에워싸여
네가 내 위에 펼쳐 놓은 눈썹을 잊었을 때
눈(雪) 쪽으로 눈길 주었던 말 하나
내 입술이 언어로 피 흘렸을 때
나를 피했던 말 하나.

이것은 말들 곁에서 나란히 걸었던 말 하나
침묵의 모습을 한 말 하나,
늘푸른 담쟁이와 근심으로 에워싸인.

여기서 먼 곳들이 내려가면
그러면 네가,

솜털 같은 머리카락별 하나여,
너 여기서 눈 되어 내리는구나
흙의 입에 닿는구나.

이마의 해 : Stirnenjahr. 바로 위 행의 "이마(Stirn)"와 운을 맞춘 조어이다.

어렴풋한 모습

네 눈을 그 방 안에서 한 자루 양초이게 하라
네 눈길을 심지이게 하라
나를 충분히 눈멀게 하라
그 심지에 불붙일 만큼.

아니다.
다르게 하라.

네 집 앞으로 나서라
네 얼룩얼룩한 꿈에다 마구를 매라
네 경적이 말하게 하라
눈(雪)에게, 네가 내 영혼의
용마루에서 불어 날린 눈에게.

어둠에서 어둠으로

네가 눈을 뜬다—내 어둠이 살아 있음이 보인다.
내 어둠의 바닥을 본다.
거기서도 그건 내 것이고 살아 있다.

그런 것이 건너갈까? 그러면서 깨어날까?
누구의 빛이 내 뒤를 바짝 따라오는가,
사공이 있으라고?

아시시

움브리아의 밤.
움브리아의 밤, 종과 올리브 잎의 은빛이 있는.
움브리아의 밤, 당신이 지고 오는 돌이 있는.
움브리아의 밤, 돌이 있는.

    말없이, 삶 속으로 솟는 것, 말없이.
    항아리를 바꾸어 채워라—

흙 항아리.
흙 항아리, 도공의 손과 한데 엉겨 붙어 버린.
흙 항아리, 그림자의 손이 영원히 봉인한.
흙 항아리, 그림자의 봉인이 찍힌.

    돌, 그대 바라보는 곳에, 돌.
    그 나귀를 들어가게 하라.

터덜터덜 가는 짐승.
터덜터덜 가는 짐승, 가장 헐벗은 맨손이 뿌리는 눈 속을.
터덜터덜 가는 짐승, 철커덕 잠겨 버리는 말[言] 앞에서.

터덜터덜 가는 짐승, 손에서 잠을 받아먹는.

광휘, 위로하지 않으려는, 광휘.
 죽은 이들…… 그이들이 아직도 구걸하고 있나이다, 프란체스코여.

아시시 : 이탈리아 중부 움브리아 주(州)의 옛 도읍. 성 프란체스코가 태어난
 곳으로 유명한 순례지다.
도공 : Töpfer. '창조주(Schöpfer)'를 연상시킨다.
나귀 : 성경 속에서 신이 사랑하는 짐승으로 등장한다.

프랑수아를 위한 비명(碑銘)

세상의 두 문(門)이
열린 채 있다.
네가 어스름 속에서
열어 두고 가 버린 문.
그 문이 덜컥덜컥 닫히는 소리를 들으며
우린 어렴풋한 것을 나른다,
초록빛을 네 영원 속으로 나른다.

1953년 10월

프랑수아를 위한 비명 : 프랑수아는 첼란의 첫아들 이름이다. 첼란이 날짜를 기입한 시는 이 시가 유일하다.

열쇠를 번갈아 가며

열쇠를 번갈아 가며
너는 집을 연다, 그 안에서는
침묵으로 은폐된 것의 눈(雪)이 휘날리고 있다.
네게서, 눈(眼)에서 입에서 혹은 귀에서
솟는 피에 따라
네 열쇠가 바뀐다.

네 열쇠가 바뀌면 말이 바뀐다.
눈송이와 더불어 휘날려도 좋은 말.
너를 앞으로 몰아치는 바람에 따라
그 말 주위에 눈이 뭉친다.

정물(靜物)

촛불 곁에 촛불, 흐릿한 빛 곁에 흐릿한 빛, 환한 빛 곁에 환한 빛.

그리고 그 아래, 여기 이것, 눈 하나
쌍이 못된 채로, 감겨서,
저녁이지는 않은 채 찾아드는
늦음에다 속눈썹을 달아 주며.

그 앞에, 네가 여기서는 그것의 손님인 낯선 것
빛 없는 엉겅퀴
그로써 어둠은 제 것들을 의심하고
먼 곳으로부터,
잊히지 않기 위하여.

그리고 또 이것, 귀 먼 것 가운데 실종되어,
입
돌이 되어, 돌을 꽉 그러 물고,
바다로부터, 그 얼음을
여러 해 굴려 오고 있는 바다로부터 부름 받아.

그리고 아름다운 것

그리고 아름다운 것, 네가 쥐어뜯는 그리고 머리카락,
네가 쥐어뜯는.
어느 빗이
그것을 다시 단정하게 빗어 줄까, 그 아름다운 머리를?
누구의 손 안의
어느 빗이?

그리고 돌들, 네가 쌓은,
네가 쌓는.
그것들은 어디로 그림자 드리우나,
또 얼마나 멀리?

그리고 그 위를 스치며 가는 바람,
그리고 바람.
이 그림자 하나를 그러쥐어
바람은 네게 나누어 줄까?

돌 언덕

내 곁에 너는 살고 있다, 나같이.
움푹 꺼진 어둠의 뺨 속
돌 하나로.

오, 이 돌 언덕, 사랑아,
우리가 쉼 없이 구르는 곳,
돌인 우리가,
얕은 물줄기에서 물줄기로,
한 번 구를 때마다 더 둥글게.
더 비슷하게. 더 낯설게.

오 이 취한 눈,
여기서 우리처럼 길 잃고 두리번거리며
우리를 이따금씩
놀라며 하나로 보는.

벌판들

늘 그 한 그루, 그 포플러
생각의 자락에.
늘 손가락, 솟아 있는 손가락
밭둑에.

그보다 이미 훨씬 전에
이랑이 저녁 속에서 망설이고.
그러나 구름.
그건 흐른다.

늘 그 눈.
늘 그 눈, 그 눈꺼풀
그 감긴 눈꺼풀들이 뿜는 빛 속에서
네가 활짝 뜨는.
늘 이 눈.

늘 이 눈, 그 자아내는 시선이
그 한 그루, 포플러에 감긴다.

밤 쪽으로 젖혀진

—한나 렌츠, 헤르만 렌츠를 위하여

밤 쪽으로 젖혀진
꽃들의 입술,
엇갈리고 뒤엉킨
전나무 줄기들,
잿빛 띤 이끼들, 뒤흔들린 돌,
깨어나 무한히 날아간다
만년설 너머 검은 새들.

여기는 우리가 쉬는
곳. 서둘러 와 닿은 지역.

그것들은 시간을 일컫지 않을 것이다
눈송이를 헤아리지 않을 것이다
물을 막힌 곳까지 따라가지 않을 것이다.

그들은 세상에 갈라져 서 있다
하나하나가 자기 어둠 곁에
하나하나가 자기 죽음 곁에
무뚝뚝하게, 맨머리로, 서리에 덮혀

가깝고도 먼 것에 의해.

　　그들은, 그들의 부채(負債)를 져 낸다, 근원에 혼을 불어넣은 부채를
　　그들은 그걸 져 낸다, 말 하나에까지로
　　여름처럼, 부당하게 존속하는 말.

　　말 하나—알지
　　시체 하나.

　　우리 그걸 씻어 주자
　　우리 그걸 빗질해 주자.
　　우리 그 눈이
　　하늘 쪽으로 향하게 하자.

시간의 눈

이건 시간의 눈
일곱 빛깔 눈썹 아래서
곁눈질을 한다
그 눈꺼풀은 불로 씻기고
그 눈물은 김이다.

눈먼 별이 날아와 닿아
뜨거운 속눈썹에서 녹으니
세상이 따뜻해지리
죽은 이들이
봉오리 틔우고 꽃 피우리.

쉬볼렛

창살 뒤에서
커다랗게 울었던
내 돌들과 함께,

그들은 나를 날카롭게 갈아서
시장 한복판으로 보냈네,
거기로
내가 어떤 서약도 하지 않은
그 깃발 오르는 곳으로.

피리들,
밤의 이중 피리.
생각하라,
빈과 마드리드의
어두운, 꼭 같은 두 개의 붉음을.

네 깃발을 조기(弔旗)로 올리라,
기억을.
조기로

오늘과 영원을 위하여.

가슴.
여기서도 너는 네 신분을 밝히라,
여기 시장 한복판에서
외치라 그것, 쉬볼렛을, 저 밖으로
낯선 고향에 대고.
2월. 노 파사란.

아인호른.
너는 돌을 훤히 알지,
너는 물을 훤히 알지,
오라
내 너를 인도하마
에스트레마두라의
목소리들에게로.

쉬볼렛 : 구약 성경에서 에브라임인과 적대 관계에 있던 길르앗인들이 에브라
   임 지역의 요르단 강 나루터를 점령했을 때, 에브라임인임을 숨기고 강을

건너려는 자들을 색출해 내기 위해서 썼다는 암호. 에브라임인은 이 단어를 '시볼렛'이라고 발음했는데, 이를 제대로 발음하는 사람만 살려 통과시켰다고 한다.

두 개의 붉음 : 빈의 노동자 봉기(1938)와 스페인 내전의 시발이 된 마드리드 봉기(1936)를 가리킨다.

노 파사란 : No pasarán. 스페인 내전 당시 프랑코의 파시즘에 맞선 공화파의 구호로, "너희가 건너지 못하리라."라는 뜻.

아인호른 : Einhorn. 글자 그대로 옮기면 일각수(一角獸)를 뜻하나 여기서는 사회주의자였던, 첼란의 고향 친구 이름이다.

에스트레마두라 : 스페인 내전 당시 피해가 혹심했던 남서부 지역.

가묘(假墓)

꽃을 뿌리라, 낯선 이여, 마음 놓고 뿌리라.
그대 저 아래 깊은 곳에
정원들에 꽃을 건넨다.

여기 누웠어야 할 사람은, 그 어디에도
누워 있지 않다. 그렇지만 세계가 그의 곁에 누워 있다.
세계, 그것이 갖가지 꽃들 앞에서
눈을 떴다.

그러나 그는 붙들었다, 많은 것을 보았기에,
눈먼 사람들과 함께.
그는 갔다. 그리고 너무 많이 꺾었다.
향기를 꺾었다—
그리고 그걸 본 사람들이 그를 용서하지 않았다.

이제 그는 갔다, 낯선 물 한 방울을 마셨다,
바다를.
물고기들—

물고기들이 그 몸에 와 부딪힐까?

가묘 : 첼란의 삶에 항상 어른거렸던 죽음의 이미지가 강하게 드러나는 시이다.

어느 돌을 네가 들든

어느 돌을 네가 들든—
너는 드러내 버린다,
돌의 보호를 필요로 하는 이들을.
벌거벗긴
그들은 이제 짜임을 새롭게 한다.

어느 나무를 네가 베든—
너는 짜 맞춘다,
그 위에 혼(魂)들이
또다시 고일 잠자리를,
마치 흔들리지 않을 듯이
이 영겁(永劫)
또한.

어느 말을 네가 하든—
너는 감사한다
사멸(死滅)에.

그대도 말하라

그대도 말하라,
마지막 사람으로,
그대의 판정을 말하라.

말하라——
그러나 '아니요'를 '예'와 가르지 마라.
그대의 판정에 뜻도 주라.
그것에 그림자를 주라.

그것에 그림자를 충분히 주라.
그것에 그만큼을,
네 주위 한밤중과 한낮과 한밤중에
두루 나누어 줄 수 있는 만큼 주라.

둘러보라.
보라, 사방이 살아나고 있다 ——
죽음 곁에서! 살아나고 있다!
그림자를 말하는 이, 진실을 말하는 것.

지금 그러나 그대 선 곳이 줄어든다.
어디로 이제, 그림자 벗겨진 이여, 어디로?
오르라. 더듬어 오르라.
그대 점점 가늘어지고, 점점 희미해지고, 점점 섬세해진다!
더욱 섬세해져 이제 한 올 실낱이다,
그가, 별이,
타고 내려오고 싶어 하는 실낱.
낮은 곳에서 유영하고자, 낮은 곳,
비치는 자신의 모습을 보는 곳,
떠도는 말들의 물살에서.

판정 : Spruch. '말씀', '격언' 등의 뜻도 있다.
뜻 : Sinn. '감각', '방향' 등의 뜻도 있다.

침묵의 증거
—르네 샤르를 위하여

황금과 망각 사이
사슬에 꿰인
밤
둘은 밤을 잡으려 하였다.
둘에게 밤은 허락하였다.

놓으라
너도 지금 거기다 놓으라
낮들 곁에서 어스름히 차오르려는 것을
별 넘어 날아간 말
바다 넘쳐 씻은 말을.

그 말을 누구에게나
폭도들이 등덜미를 쳤을 때
노래 불러 주었던 그 말을 누구에게나—
노래 불러 주고는 굳어 버린 그 말을 누구에게나.

그녀, 밤에게,
별 넘어 날아간, 바다 넘쳐 씻은 말을.

밤에게 침묵으로 얻은,
독니가 음절을 짓씹었을 때도
피 흘리지 않은 그 말을.

밤에게, 침묵으로 얻은 그 말을.

껍질 벗기는 자 귀들이 화냥질하고
시간과 시대도 기어오르는
그 많은 다른 말들에 맞서
그것은 증언한다 마침내,

마침내, 사슬이 절거덕거리기만 하면
증언한다, 거기 황금과 망각 사이에
놓인 밤에 대하여,
예로부터 그 둘과 형제인 것에 대하여—

그럴 것이, 대체
어디에서 밝아 오겠는가, 말하라, 그 밤 곁이 아니라면
그 밤의 눈물의 유역(流域)에서

잠수하는 태양들에게 씨앗을 가리키고
또 가리키는 밤 곁이 아니라면?

침묵의 증거 : Argumentum e silentio. '침묵으로 된 증거' 혹은 '침묵으로 이루어진 시'로 번역할 수 있다. 첼란이 이 시를 헌정한 프랑스 현대 시인 르네 샤르는 「증거(Argumentum)」라는 시를 쓴 바 있으며, 첼란은 그의 시를 많이 번역하였다.

언어창살

SPRACHGITTER. Copyright ©1959
by S. Fischer Verlag, Frankfurt am Main

Stimmen
Zuversicht
Heimkehr
Schliere
Tenebrae
Blume
Sprachgitter
Ein Auge, offen
Ein Holzstern
Sommerbericht
Engführung
Mit Brief und Uhr
Unter ein Bild
Köln, Am Hof

목소리들, 초록에다,
수면(水面)의
초록에다 새겨 넣은.
물총새가 자맥질해 들어가면
초(初) 가 쨍――울린다.

어느 물가에서나
당신을 향해 섰던 무언가가
다가온다
베어져, 다른 형상 되어.

*

목소리들, 쐐기풀 길에서 들려오는

손을 짚고 거꾸로 서서 우리에게 오라.
등불과 함께 홀로 있는 이에게는
읽어 낼 손밖에 가진 것이 없다.

*

목소리들, 어둠을 견뎌 내고 들려오는, 동아줄들,
네가 종을 매다는.

휘어라, 세계여
망자(亡者)의 조개가 쓸려 오면
여기서 종소리 울리려 하노니.

*

목소리들, 그 앞에서 너의 가슴이
어머니의 가슴으로 뒷걸음질 치는.
나이테의 햇목질과 묵은 목질이 그 테를
바꾸고 또 바꾸는 곳,
교수목(絞首木)에서 들려오는 목소리들.

*

목소리들, 돌 부스러기 속에서 울리는, 꺽꺽거리는,
그 속에서 또한 무한(無限)이 삽으로 파내고 있다,

(마음의—)
점액질 물줄기.

여기에다 배를 내려라, 아이야,
내가 승선시켰던 배들을.

선체 중앙에서 돌풍이 우현으로 불면
꺾쇠가 닫힌다.

*

야곱의 목소리.

눈물.
형제의 눈에 고인 눈물.
그 한 방울이 계속 매달린 채 커졌다.
우리는 그 눈물 방울 속에서 살고 있는 것.
숨 쉬어라,
그 눈물이 떨어지도록.

*

목소리들, 방주 안에서 들려오는.

구조된 것은
입들뿐이다.
가라앉고 있는 이들아,
들어 다오
우리의 소리도.

*

목소리는
없고——한 가닥
때늦은 소음, 시각에 맞지 않게, 너의
생각에 주어져, 여기, 마침내
깨워 데려온 소음.
눈〔眼〕크기만 한, 깊게 상처 난
과엽(果葉) 하나
진물이 흐른다, 아물려
들지를 않는다.

물총새 : Eisvogel. 글자 그대로 옮기면 '얼음새'라는 뜻이다. 첫 연의 경직된 목소리를 묘사하는 데 효과를 더한다.
꺾쇠 : 앞의 "마음의——"의 앞뒤에 친 괄호를 뜻하기도 한다. 괄호가 닫히면 "마음의——"는 사라지고 '점액질 물줄기'만 남는다.
그 눈물이 떨어지도록 : 유대교 신비주의의 전통에 의하면 카인에게 죽임을 당한 '아벨'의 눈물이 말라야 메시아가 온다고 한다.

확신

눈 하나 또 있으리라,
우리들 눈
옆에, 낯선 눈 하나, 말을 잃고
돌이 된 눈꺼풀 아래 있으리라.

오라, 너희들의 갱(坑)을 뚫으라!

속눈썹 하나 있으리라,
암석 속에서 안으로 향한 채
울지 못한 울음의 강철 입힌
가장 섬세한 굴착기가 있으리라.

그대들 앞에서 그것이 작업하고 있다,
마치, 돌이 있으니, 형제도 있으리라는 듯.

편지와 시계로

밀랍,
적히지 않는 것을 봉인하는.
네 이름을
알아맞혀 낸,
네 이름을
암호로 감추는 밀랍.

이제 오고 있는가, 표류하는 빛이여?

손가락들, 손가락들도 밀랍이다,
낯선
고통을 주는 반지 끼워져.
녹아들었다 손가락 끝 끝.

오고 있는가, 표류하는 빛이여?

시계의 벌집, 비었다 시간이 없다
신부처럼, 벌 떼는

떠날 채비가 되었다.

오라, 표류하는 빛이여.

귀향

점점 짙어지는, 강설(降雪),
비둘깃빛, 어제처럼,
그대 아직도 잠들어 있기라도 하듯, 강설

멀리까지 펼쳐진 백색(白色),
그 너머, 끝없이,
사라져 버린 이의 썰매 자국.

그 아래, 감추어져 있다가,
젖혀 올려진다.
두 눈을 이토록 아프게 하는 것,
보이지 않던
언덕 또 언덕.

그 언덕마다에
'오늘'로 되불려 온,
침묵 속으로 미끄러져 들어간 '나'.
나무로 된, 말뚝.

저기, 얼음바람에 실려 온
하나의 감정,
그 비둘깃빛, 눈[雪] 빛
깃발을 달고.

흠

각막에 그어진 흠.
절반 간 길에서 시선이
보아 버린 '잃어버림'.
실제로 자아낸 '결코 아니다'의
되돌아옴.

반 동강 길들—그러나 가장 긴 길들.

혼(魂)이 밟고 간 실 가닥,
유리 흔적,
뒤로 말려들어 가고
그리고 이제
그대 머리 위, 항(恒)
성(星), 그 위에서 눈[眼]인 당신이
하얗게 너울 씌워 놓은

각막에 그어진 흠.
어둠에 실려 온 기호 하나
간직하라는 것.

낯선 시간의 모래로 (아니면 얼음으로?)
보다 낯선 '언제나'를 위하여
되살아나고 소리 없이
떨리는 자음으로 조율해 놓은 그 기호.

각막에 그어진 홈 : 긁힌 유리를 통해 사물을 보면 그 사물에도 긁힌 자국이 나 보이듯, 무언가에 긁혀 홈이 남은 각막으로 세상을 보면 무엇을 보든 그 대상에도 홈이 그어져 있는 것처럼 보인다.

흑암

저희가 가까이 있나이다, 주여.
잡힐 듯 가까이.

이미 잡혀서, 주여,
저희 하나하나의 몸이
당신의 육신인 듯, 서로를 움켜쥐고,
주여.

기도하소서, 주여
저희에게 기도하소서
저희가 가까이 있나이다.

바람에 뒤틀린 채 저희가 갔습니다
향하여 갔습니다. 물 괸 웅덩이와
분화구를 찾아 몸을 굽히려고.

물 마실 곳으로 갔습니다, 주여.

피었습니다, 그건

당신께서 흘리신 피였습니다, 주여.

그것이 반짝였습니다.

그것이 우리 눈에 당신의 형상을 비추었습니다, 주여.
눈과 입이 저렇듯 열려 있고 비어 있습니다, 주여.
저희가 마셨습니다, 주여.
피와 그 피 속에 잠겨 있는 형상을, 주여.

기도하소서, 주여,
저희가 가까이 있나이다.

흑암 : Tenebrae. '어둠' 외에도 '죽음의 밤'이라는 뜻도 있는데, 특히 예수가 십자가에 못 박혀 죽은 직후 골고다 언덕을 뒤덮은 어둠을 가리킨다. 첼란이 독일어를 두고 굳이 라틴어로 제목을 쓴 것은, 그로 인해 덧붙여지는 기독교적 의미를 신이 인간을 위해 기도해 달라는, 이 뒤집힌 기도 형태의 시에 수용하기 위한 것으로 보인다.

여름 소식

이제는 아무도 밟지 않는,
에둘러 가는 백리향(百里香) 양탄자.
종소리벌판을, 가로
질러 놓인 빈 행(行).
바람이 짓부수어 놓은 곳으로는 아무것도 실려 오지 않는다.

다시금 흩어진
말들과의 만남, 가령
낙석(落石), 딱딱한 풀들, 시간.

쾰른, 암 호프

마음의 시간, 꿈꾸어진 이들이
멈추어 있다
자정의 자판을 가리키며.

어떤 이들은 정적 속에다 말을 하고, 어떤 이들은 입 다물고 있고
어떤 이들은 자기 길을 갔다
추방당하고 상실되어
집에 있었다.

너희 사원들.

보는 이 없고.

너희 사원들.

너희 강물에 귀 기울이는 이 없고
너희 시계는 우리 마음 깊은 곳에 있고.

암 호프 : Am Hof. 호텔 이름으로, 첼란은 파리에서의 재회 후 몇 년이 지난 뒤
에 이곳에서 바하만을 다시 만났다.

그림 하나 아래로

갈까마귀 떼 뒤덮힌 물결치는 밀밭.
어느 하늘의 푸름인가? 낮은 하늘의? 높은 하늘의?
늦은 화살, 영혼이 당겼다.
더 세찬, 화살 나는 소리. 더 가까운 이글거림. 두 세계.

그림 하나 아래로 : 빈센트 반 고흐의 그림 「까마귀가 있는 밀밭」을 소재로 한 시이다.

스트렛토

실려 왔다 그
확연한 흔적이 있는
땅으로.

풀, 갈라져 적혀 있고. 돌들, 하얗게,
풀 줄기 그림자 드리워져.
이제 읽지 말고—보라!
이제 보지 말고—가라!

가라, 너의 시간은
다시 올 시간이 없고, 너는—
집에 와 있다. 바퀴 하나, 천천히,
저 혼자 굴러 나온다, 바퀴살들이
기어간다
거무스름한 들판을 기어간다, 밤은
별이 필요 없다, 그 어디서도
네 소식을 묻지 않는다.

*

        그 어디서도
                네 소식을 묻지 않는다—

그들이 누웠던 곳, 그곳은
이름이 있다—그곳은
이름이 없다. 그들은 거기 눕지 않았다. 무엇인가가
그들 사이에 가로놓여 있었다. 그들은
꿰뚫어 보지 못했다.

보지 못했다, 아니
제각기 논하였다,
말에 대해서. 아무도
눈뜨지 않았다
잠이
그들을 덮었다.

*

     왔다, 왔다. 그 어디서도
         묻지 않는다—

나야, 나,
내가 너희 사이에 누워 있었어, 나는
열려 있었고
들리기도 했지, 내가 너희를 향하여 째깍거렸지, 너희 숨소리가
귀 기울였지, 그건
여전히 나야, 너희는
잠만 자는데.

*

        그건 여전히도 나야—

세월.

세월, 세월, 손가락 하나가
더듬고 있다, 아래로 위로 더듬고 있다
이리저리
만져지는, 꿰맨 자리, 여기
넓게 벌어져 있고, 여기
다시 아물어 붙었구나—누가
그것을 덮어 주었을까?

 *

        덮어
          주었다—누가?

왔다, 왔다.
왔다 말〔言〕 하나, 왔다.
밤을 뚫고 와
밝히고자 하였다, 밝히고자 하였다.
재.

재, 재.
밤.
밤-또-밤.──눈〔眼〕
을 찾아가라, 젖은 눈을 찾아.

*

              눈
                을 찾아가라,
                        젖은 눈을 찾아 ──

돌풍.
돌풍, 언젠가의,
입자(粒子)들의 흩날림, 타자,
당신
그걸 알지, 우린
책을 읽었어, 의견
이었어.

의견
이었지, 이었어. 어떻게
우리가 우리를
붙잡았을까—
이
두 손으로?

적혀 있기도 했어, 이렇게.
어디에? 우리는
그 위에 침묵 하나를 띄워 놓았어,
독(毒)으로 안정시켜, 커다랗게,
초록빛
침묵
하나, 꽃받침 이파리 하나, 거기
식물적인 것에 대한 생각 하나 매달려 있었어—
초록빛으로, 그래,
매달려 있었어, 그래,
음흉한

하늘 아래서.
그래,
식물적인 것에 대한.

그래.
돌풍, 입
자들의 흩날림, 남아 있었어,
시간이, 남아 있었어,
식물적인 것을 돌에서 틔워 보려고—돌은
손님을 환대했지, 그건
말을 가로막지 않았어. 우린
제법 형편이 좋았지.

알갱이로,
알갱이로, 섬유질로. 줄기로,
빽빽하게.
송이로 다발로, 신장으로,
판으로 그리고

덩이로, 느슨하게, 가지
쳐서—. 그는, 그것은
말을 가로막지 않았다, 식물적인 것이
말했어,
말하기 좋아했어 메마른 눈에게도, 그것이 감기기 전에.—

말했어, 말했어.
있었어, 있었어.

우리는 늦추지 않았다, 한가운데
서 있었다, 하나의
숨구멍 짓기, 그리하여
그것이 왔다.

우리에게로 왔다, 뚫고
왔다, 꿰매었다
보이지 않게, 꿰매었다
마지막 음향전달막을,

하여
세계, 한 덩어리 수천의 수정(水晶)
결정(結晶)이 이루어졌다, 결정이 이루어졌다.

*

    결정이 이루어졌다, 결정이 이루어졌다.
              그러고는—

환원된, 밤들, 동그라미들
초록 혹은 파랑, 빨강
네모들.
이 세계가 그 가장 내면적인 것을
새로운 시간들과의
도박에 건다. — 동그라미들,
빨강 혹은 검정, 환한
네모들,
비상(飛翔)의 그림자

없고
측량 탁자도 없고
연기혼(魂)도 피어올라 섞이지 않는다.

　　*

　　　　　　　　　피어올라
　　　　　　　　　　　　섞인다—

땅거미 질 녘
돌이 된 문둥병 곁에
도망쳐 온 우리들의 손들
곁
최근의 박해 때
무너진 담벼락
총알받이
너머로,

보인다, 새

롭게
이랑들이.

그때의 그 합창들이
찬미가, 호, 호-
산나.
그러니까
아직 사원(寺院)은 서 있는 것.
별
하나 어쩌면 아직 빛을 지니고 있는 것.
아무것도
아무것도 상실되지 않았다.

호-
산나.

땅거미 질 녘, 이곳에
땅 밑을 흐르는 물흔적이 나누는

날 어두운 대화들.

*

　　　　　—땅 밑을 흐르는 물흔적
　　　　　　　　　　　　의
　　　　　　　　　　　　　　날 어두운—
실려 왔다
그 확연한
흔적
이 있는 땅으로.

풀.
풀,
갈라져 적혀 있는.

스트렛토 : 「목소리들」로 시작되는 시집 『언어창살』의 맨 끝에 수록된 시. 이
　　시에서는 「목소리들」에서 나열되었던, 또한 「죽음의 푸가」에서 울렸던 여

러 목소리들이 하나의 궤적을 좇아 집약되고 있다. 홀로코스트를 다룬 알랭 르네의 영화 「밤과 안개」와 연결시킬 수도 있다. '스트렛토'로 번역한 제목 'Engführung'은 '비좁히기'라는 뜻의 음악 용어로 푸가 형식에서 여러 성부가 집약되어 나오는 부분을 가리킨다.

의견 : 단테는 『신곡』에서 '사랑'을 그저 하나의 '의견(Doxa)'으로 정의했다. 함께 책을 읽다가 사랑에 빠져 불륜을 범하게 되는 파올로와 프란체스카 이야기와 연결된다.

그는, 그것은 : er, es. '돌'을 가리키는 대명사 'er'와 '식물적인 것'을 가리키는 대명사 'es'를 나란히 적어 돌에서 생명이 생성되기를 바라는 꿈을 우회적으로 표현하고 있다. 바로 앞에 나열한 명사와 형용사를 보면 생물(식물)에 관련된 표현과 무생물(광물)에 관련된 표현이 뒤섞여 있다.

음향전달막 : 북 따위 악기들에서 소리를 전달시키는 데 쓰이는 얇은 금속, 종이, 고무 등으로 된 이파리 모양의 판.

땅거미 질 녘 : Eulenflucht. '올빼미 날아오를 녘'이라는 뜻의 고어이다. 그대로 옮기면 미네르바의 올빼미를 연상시키는 장점이 있지만, 시 전체의 어두운 분위기에 부합하지 않아 '땅거미 질 녘'으로 옮겼다.

그 누구도 아닌 이의 장미

DIE NIEMANDSROSE. Copyright © 1963
by S. Fischer Verlag, Frankfurt am Main

Es war Erde in ihnen
Bei Wein und Verlorenheit
Zürich, Zum Storchen
Soviel Gestirne
Dein Hinübersein
Zu beiden Händen
Mit allen Gedanken
Die Schleuse
Stumme Herbstgerüche
Psalm
Tübingen, Jänner
Chymisch
Einiges Handähnliche
Eine Gauner- und Ganovenweise
··· rauscht der Brunnen
Schwarzerde
Einem, der vor der Tür stand
Mandorla
An niemand geschmiegt
WOHIN MIR das Wor
Zwölf Jahre
Stumme Herbstgerüche
Eis, Eden
Die hellen Steine
Hinausgekrönt
Hüttenfenster

취리히, 춤 슈토르헨
―넬리 작스를 위하여

이야기가 있었다, 너무 많거나
너무 적음에 대하여. '그이'에 대하여
'그래도 그이'에 대하여,
밝음에 의한 흐림에 대하여
유대적인 것에 대하여
너의 신에 대하여.

'그것'에
대하여.
어느 성모 승천일
성당은 건너편에 서 있었다, 성당은
금빛을 띠고 물을 건너왔다.

너의 신에 대해 말해져 왔다, 나는
그에 맞서 이야기하였다, 나는
내가 한때 가졌던 마음이
희망하게 하였다.
그의 높고 가장 높은, 구멍 뚫린,
다투는 말을―

네 눈이 나를 보았다, 그 너머 멀리를 보았다.
네 입이
눈에게 격려를 보냈다, 말이 들려왔다.

우리는
정말이지 모릅니다, 아시겠어요,
우리는
정말 모릅니다,
무엇이
유효한지.

춤 슈토르헨 : Zum Storchen. 호텔 이름으로 '황새네' 정도의 뜻이다. 1960년 첼란은 이곳에서 넬리 작스를 만났다. 히틀러의 유대인 박해를 피해 스웨덴으로 망명한 작스의 시는 많은 부분 첼란의 시와 주제를 공유한다. 다만 첼란의 시와 달리 구원에 대한 희망이 비교적 겉으로 드러난다.

'그래도 그이' : Aber-Du. 대화 상대자인 '너(du)'와 구별되도록 앞 철자를 대문자로 써서 만들어 낸 새로운 주체 '그이(Du)'에 부정어를 붙였다. 가리키기 어려운, 부정하면서도 다시 긍정할 수밖에 없는 존재인 신(神)을 암시한다.

저 많은 성좌들. 우리 앞에
내밀어져 있는. 나는,
언제였던가? 너를 보았을 때
저 바깥
또 다른 세계들 곁에 있었다.

은하계의, 오, 이 길들.
우리들에게로
우리들 이름의 짐 안으로
밤들을 흔들어 보내오는
이 시각,
나 이제 알겠네, 우리가 살았다는 건
틀린 말,
숨결 하나가 '저기'와 '거기 없음'과 '이따금씩' 사이를
눈먼 채 지나갔을 뿐.
혜성처럼 눈 하나가
불 꺼져 버린 것을 향하여 휘익 날았을 뿐, 골짜기들 속에서,
거기, 그 작열이 스러진 곳
유두(乳頭)처럼 화사하게 시간이 멈추어 있다.
거기서 이미 위로, 아래로
그 너머로 자랐다.
있는 것, 있었던 것, 있을 것이—

나 알겠네.
내가 알고 당신이 알고, 우리가 알았네,
알지 못했네, 우리는
있었지만, 거기에는 없었지. 그리고 이따금씩
오직 무(無)가 우리 사이에 서 있을 때라야
우리는 서로를 온전히 마주하였지.

당신의
저 건너에 있음, 오늘 밤.
말(言)로써 내 당신을 다시 데려왔다, 여기 당신이 있다
모든 것이 진실하고 진실에의
한 가닥 기다림도 진실하다.

우리 창(窓) 앞을
콩 넝쿨이 기어오른다. 생각하라
누가 우리 곁에서 자라며
그것을 바라보는가를.

신(神)은, 우리는 그리 읽었다,
하나의 조각이며 또 하나의, 흩어진 조각이라고.
모든 베어진 이들의
죽음 가운데서
그이는 자신에게로 자라 간다.

그곳으로
시선이 우리를 이끌어 간다.
그
반쪽과
우리는 오가며 지내는 것.

양손에, 여기
별들이 내게로 자라 오는 곳, 멀리
모든 하늘에, 가까이
모든 하늘에.
저기
저 깸! 저기
우리들 한가운데를 뚫고
열려 오는 저 세계!

네가 있다
네 눈이 있는 곳에, 너는 있다
저 위에, 있다
저 아래, 나는
밖으로 찾아 나가노니.

이 떠도는, 텅 빈
환대하는 중심. 갈라진 채
나는 네게로 떨어져 가고, 너는
내게로 떨어져 온다, 서로
떨어져 나가며, 우리는
꿰뚫어 본다.

같은

것이
우리를
잃었다, 그
같은 것이
우리를
잊었다, 그
같은 것이
우리를—

열두 해

진정
남은 것, 진정
이루어진 행(行)은…… 파리의
네 집—네 두 손의 봉헌소.

세 번 속속들이 심호흡,
세 번 속속들이 밝히기.

…………………………

말을 잃는다, 귀가 먼다
눈 뒤에서.
독(毒)이 꽃피는 모습이 보인다
온갖 말과 모습으로.

오라. 가라.
사랑이 그 이름을 지운다. 사랑이
스스로를 그대에게 양도한다.

모든 생각을 지니고 나는
세계 밖으로 나섰다. 거기 당신이 있었다
당신 나의 나직한 여인, 당신 나의 열린 여인, 하여—
당신은 우리를 받아들인다.

누가
말하는가, 눈빛이 꺼졌으니
우리의 모든 것이 죽었다고?
모든 것이 깨어났다, 모든 것이 일어났다.

커다랗게 태양 하나 헤엄쳐 왔다, 환하게
그 태양을 영혼과 영혼이 마주 섰다, 분명하게
명령조의 침묵으로 그들은 태양에게
자신들의 궤도를 가리키고.

가볍게
당신의 품이 열렸다, 고요히
숨결 하나가 에테르 속으로 솟아올랐다
하여 구름이 된 것,
그건 우리에게서 떠난 사람의 모습이 아니었을까
거의 이름 같은 것
아니었을까?

말 잃은 가을 냄새들. 이
별꽃은, 꺾이지 않은 채, 걸어갔다
고향과 심연 사이로
네 기억을 지나.

낯선 상실 하나
모습 갖춰 거기 있었다, 네가
어쩌면
살았었던 것이리.

정월, 튀빙엔

멀도록
설득당한 눈들.
그 눈의—"순수
발원(發源)은 수수께끼"—
그 눈의 갈매기 떼
에워싼 물 위에 뜬
횔덜린 탑의
회상.

익사한 목수들을 찾아오곤 하는 손님들.
이
물에 잠기는 말들에게로

왔으면,
한 사람이 왔으면
한 사람이 왔으면, 오늘,
족장의
빛수염을 달고, 그는 정녕,
그가 이 시대를
이야기한다면,

정녕
다만 웅얼거리고 또 웅얼거리리
언제, 언제,
언제까지고.

("팔락쉬, 팔락쉬.")

정월, 튀빙엔 : 생의 후반기를 광증 속에서 보낸 천재 시인 프리드리히 횔덜린이 한 목수의 보살핌을 받으며 살았던 튀빙엔 네카 강가의 집 '횔덜린 탑'을 배경으로 한 시. "팔락쉬"는 실성한 횔덜린이 자주 했다는 뜻 없는 말로, 때로는 '예'를, 때로는 '아니요'를 가리켰다고 한다. 첫 연의 "순수/ 발원은 수수께끼"도 횔덜린의 시 「라인 강」 중 한 구절이다.

연금술의 소화액같이

침묵, 숯이 된
두 손 안에서
금(金)처럼 끓인.

커다란, 잿빛,
모든 잃어버린 것처럼 가까운
누이의 모습.

그 모든 이름, 그 모든 함께
불살라진
이름들. 그만큼
축복받아야 할 재(灰). 그만큼
얻어진 땅
가벼운, 저렇듯 가벼운
영혼들―
동아리들
너머.

큰 모습. 잿빛 모습. 앙금
남기지 않은 모습.

그때의 너.
창백한
깨물어 쪼갠 꽃봉오리를 지닌 너.
넘치는 포도주 속의 너.

(이 시계는
우리도 내보냈어, 안 그래?
그래,
그래, 네 말(語)은 여기를 스쳐 죽어 갔어.)

침묵, 금처럼 끓인
석탄이 된, 석탄이 된
손 안의.
손가락, 연기처럼 가느다란. 왕관처럼, 공기왕관처럼
씌워져—
큰 모습. 잿빛 모습. 발자국 흔적
없는 모습
왕
같은 모습.

몇몇의 손
같은 것, 어둡게,
풀과 함께 왔다.

얼른—절망들이여, 너희
도공들이여!—, 얼른
시간은 진흙을 내주었고, 얼른
눈물을 얻었다—.

다시 한 번, 푸르스름한 둥근 화서(花序)
우리를 둘러싸고 있다, 이
'오늘'이.

검은땅, 검은
땅 너, 시간의
어머니
절망.

내 손에서 그
상처에서 또
태어난 것 하나가
네 목구멍을 닫는다.

사기꾼과 건달의 노래,
사다고라 변두리 체르노비츠 출신의
파울 첼란이
퐁투아즈 변두리 파리에서 부름

"어두운 시대에, 이따금씩만"
—하인리히 하이네, 「에돔에게」 중에서

그때 아직 교수목이 있던 시절,
그때는 정말이지
'위〔上〕'라는 게 있었지.

어디에 나의 수염은 있는가, 바람아, 어디에
나의 유대인 얼룩이 있는가, 어디에
네가 쥐어뜯는 나의 수염이 있는가?

꼬불꼬불했지, 내가 온 길은
꼬불꼬불했지, 그래,
그래, 그건
그 길이 똑발랐기 때문.

자장자장
꼬불꼬불, 구부러지는 것은 내 코,
코.

우리는 프리아울로 갔지
거기서 말이야, 거기서 말이야.
만델바움이 꽃피고 있었거든.
만델바움, 반델마움
만델트라움, 탄델마움
그리고 또 마한델바움까지.
샨델바움.

자장자장.
아움.

앙부아

그런데
그런데 그가 뻗대고 일어섰다네, 그 나무가. 나무가
나무까지도
맞섰다네
흑사병에.

퐁투아즈 변두리 파리 : 프랑스의 시인 프랑수아 비용의 사행시에서 인용한 구절로, "사다고라 변두리 체르노비츠"는 원래 구절을 뒤집어 쓴 표현이다. 첼란의 고향 체르노비츠는 부코비나의 수도이며, 사다고라는 그 근교의 작은 도시로 하시딤 사상의 중심지였다.

유대인 얼룩 : 독일은 1530년 제국경찰령을 내려 유대인들에게 노란 반지를 끼게 했다. 나치 시대가 되어 유대인 표지는 황색 별로 바뀌었다.

구부러지는 것은 내 코 : '구부러진 코'는 '만델형 눈', '수염'과 더불어 유대인 특유의 외모를 묘사하는 단어다.

샨델바움 : '만델바움(Mandelbaum)'에서 자음 'm'과 'b'의 자리를 바꿔 '반델마움(Bandelmaum)'이라는 단어를 만든 언어유희는 무의미를 거쳐 의미를 만들어 내는데, 그 중간에 '만델트라움(Mandeltraum)', 즉 '만델나무의 꿈' 같은 의미 있는 어휘가 섞인다. 언어유희 끝에 나오는 '마한델바움(Machandelbaum)'은, 계모가 의붓아들을 죽여 아버지 식탁에 올리고 뼈를 그 나무 밑에 묻었는데 새가 되어 날아갔다는 동명의 그림 동화에 나오는 나무이다. '샨델바움'에서는 샹들리에라는 단어에서처럼 '빛'을 읽을 수 있어 '빛나무'로 번역할 수도 있다. 불구화로 치닫는 언어유희를 통하여 오히려 놀라운 전환에 이르고 있다.

아움 : '나무(Baum)'에서 첫 자음 'B'를 생략했다.

앙부아 : Envoi. 프랑스어로, '~에게 부침'의 뜻. 발라드의 마지막 절에 헌정의 의미로 쓰며 시 제목과 더불어 프랑수아 비용이 즐겨 썼던 운율 형식이다.

그가 뻗대고 일어섰다네 : Er baumt sich, der Baum. 앞서 이루어진 '나무'를 통한 언어유희의 귀착점을 잘 보여 준다. 마치 말이 뒷발로만 서 있는 듯한 모습을 떠올리게 하는 강한 이미지를 담은 동사 '뻗대고 일어서다(sich bäumen)'의 어근이 '나무(Baum)'에서 나왔기 때문이다.

흑사병 : 카뮈의 소설 『페스트』가 상징하는 '나치즘'을 연상시키기도 한다.

문 앞에 서 있던 한 사람에게, 어느
저녁
그에게
나는 나의 말을 열어 주었네—되다 만 인간
에게로 그가 타박타박 가는 것을 보았네,
반
푼인, 그
더러운 군노(軍奴)의 장화 속에서
태어난 형제에게로, 그
피 흘리는
신(神)의
생식기를 단 자, 그
찍찍거리는 소인(小人)에게로.

랍비여, 내가 부스럭거렸네, 랍비
뢰브여.

이 자에게서
그 말을 할례해 주오.
이 자에게
무(無)를 심정에 써넣어 주오,
이 자에게
두 병신 손가락을

구원을 가져오는 말씀의
받침 기둥으로 세워 주오,
이 자에게.

……………………………

저녁 문(門)을 닫아 주오, 랍비여.

……………………………

아침 문을 열어젖혀 주오, 랍—.

문 앞에 서 있던 한 사람에게 : 프라하의 골렘 설화를 배경에 둔 시. 중세 프라하
  의 랍비 뢰브는 진흙으로 골렘이라는 인간을 빚어 '진실'이라는 말이 쓰인
  쪽지를 이마에 붙여 주었다. 이 쪽지가 붙어 있는 동안 골렘은 인간과 다름
  없이 행동할 수 있었는데, 안식일에는 이 쪽지를 떼어 놓았다. 어느 안식일
  에 랍비가 쪽지를 떼는 것을 잊어버리는 바람에 이 진흙 인간이 방자해졌
  고, 랍비는 결국 그 쪽지를 떼어 내 골렘을 다시 진흙으로 되돌아가게 했다.
그 말을 할례해 주오 : '말을 할례하다(beschneiden)'는 '말을 정갈하게 하다',
  '자유롭게 말하게 하다'는 의미로 해석할 수 있다.

그 누구도 아닌 이의 장미 153

그 누구의 뺨을 부비랴,
너의 뺨이 아니면, 삶이여.
몽당손으로 찾은 너의 뺨이
아니면.

너희 손가락들.
멀리, 도중에
교차로들에, 이따금은
풀려난 팔다리의
휴식,
'언젠가'의 먼지방석
위에.

목화(木化)한 마음의 저장물들──그
속에서 타는
사랑의, 빛의 노예.

절반 거짓의
작은 불꽃 하나 아직
너희가 건드리는
이, 저
밤 지샌 땀구멍 속에.

저 위 열쇠 소리,
너희 위의 숨결
나무.
너희를 바라본
마지막 말
지금 제자리에 있어야, 머물러야 한다.

....

네 뺨을 부비며
몽당손으로 찾은
삶이여.

환한
돌들이 공중을 지나간다, 환히—
아는 것들, 빛
가져오는 것들.

그것들은 내려오려고도, 떨어지려고도
맞히려고도 하질 않는다. 올라
간다
조그만
해당화처럼, 그렇게 열린다
둥둥 떠 간다
그대에게로, 그대 나직한 여인
내 진정한 여인—

나 그대를 본다, 그대 그것들을 꺾는다 내
새로운, 내
누구나의 손으로, 그대 그것들을
넣는다 '다시 한 번 밝음' 안에다, 아무도
울 필요도 일컬을 필요도 없는 밝음 안에다.

바깥으로 왕관 씌워져
어둠 속으로 뱉어 내져서.

무슨 별들 곁에서인가! 온통
잿빛 낀 마음망치은(銀). 그리고
베레니케의 머릿단, 여기에도—내가 땋았다,
내가 풀었다,
내가 땋았다, 풀었다.
내가 땋았다.

푸른 계곡, 네 안으로
나는 금을 박아 넣는다. 또한 그와 함께,
창녀들 작부들 곁에서 허비한 사람과 함께
나는 온다 나는 온다. 너에게로,
사랑이여.

또한 저주와 기도와 더불어. 또한 누구와도 함께
내 너머로
획획 휘둘린 곤봉들, 그것들도 하나로
녹아서, 그들도
남근으로 묶여 너에게로
다발-이며-말.

이름과 더불어,
모든 망명지에 적셨던 이름.
이름과 씨앗과 더불어,
이름과 더불어, 모든
잔에 잠겼던 이름, 너의
왕의 피로 가득 찼던 잔, 인간이여,—모든
커다란
게토-장미의 잔들에, 거기서
당신이 우리를 바라보고 있는 것,
죽은 죽음들의 그 많은
아침길들로 불멸인 당신이.

(그리고 우리는 바르쇼비앙카를 불렀다.
갈대가 되어 버린 입술로, 페트라르카여.
툰드라의 귀들에 대고, 페트라르카여.)

그리하여 이제 땅 하나 솟는다, 우리의 땅,
이 땅.
그리하여 우리는
우리들 중 그 누구도 내려보내지 않겠다
네게로는,
바벨아.

베레니케의 머릿단 : 이집트의 왕비 베레니케 2세의 이름을 딴 별자리. 베레니
　　케는 남편 프톨레마이오스 왕이 3차 시리아전에서 승전하고 돌아오기를
　　빌며 신들에게 자신의 머리채를 바쳤다고 한다.
게토 : 유대인 거주 지역.
바르쇼비앙카 : 폴란드 혁명의 노래.
페트라르카 : 토스카나 출신의 시인 페트라르카는 아비뇽에 망명해서 살았다.

어디로 내게서 말은, 불멸이었던 말은 떨어져 갔는가
이마 뒤 하늘골짜기 속으로,
그곳으로, 침과 쓰레기에 이끌려, 간다
나와 함께 사는 일곱 별은.

어둠의 집 안에 운율, 오물 속의 호흡,
눈, 이미지들의 노예—
그리고 그럼에도, 꼿꼿한 침묵 하나, 돌 하나
악마의 사닥다리를 비껴간다.

오두막 창문

어두운, 눈,
오두막 창문인, 모여든다
세계였고 세계로 남은 것, 떠도는
동쪽, 떠도는
사람들,
인간이며 유대인인 이들,
구름 백성, 자력(磁力)으로
그들을 끌어당긴다, 마음의 손가락으로
네게로, 대지여,
너는 온다, 너는 온다
우리가 거처하리, 거처하리, 무엇인가가

—한 가닥 숨결인가? 하나의 이름인가?—

고아가 된 것 가운데서 헤맨다,
춤추듯, 곤봉 모양으로,
천사의
날개들, 보이지 않는 것으로 무거워져,
상처로 껍질 벗겨진 발, 머리

무겁게
그곳, 비텝스크에도 떨어졌던
검은 우박으로 균형 잡혀

―그리고 그를 씨 뿌린 이들, 그들
그들이 그를 써서 버린다
미믹의 장갑주먹손아귀로!―,

간다, 헤맨다,
찾는다
아래서 찾는다
위에서 찾는다, 멀리서, 찾는다
눈으로, 가져온다
켄타우루스 알파를 아래로, 아르크투어를, 가려 온다
빛을 덧붙여서, 무덤으로부터

게토와 에덴으로 간다,
성좌를
꺾어 모은다, 그가,

인간이 터 잡아 살자면 필요로 하는 것, 여기에서,
인간들 가운데서

성큼성큼
자모를 걸음으로 재어 본다 자모들의 필멸의—
불멸의 영혼을
알레프와 유트에게로 간다, 내쳐 간다

그것을, 다윗의 방패를 세운다, 그것을
불타오르게 한다, 한 번

그것을 꺼지게 한다──거기 그가 서 있다,
보이지 않게, 서 있다
알파와 알레프, 유트 곁에
다른 사람들 곁에, 모두
곁에, 그대
안에

베트──그건

집, 거기 식탁이 있다

빛과 또 빛과 함께.

곤봉 모양 : klobig. '이삭 모양'으로도 번역할 수 있다.
켄타우르스 알파, 아르크투어 : 북동쪽 하늘의 별들.
알파 : 그리스 문자의 첫째 글자이다.
알레프, 베트, 유트 : 각각 히브리 문자의 첫째, 둘째, 열째 글자이다. 발음할 수 없는 신의 이름이 유트로 시작된다.

얼음, 에덴

'잃어버림'이라는 땅 하나 있다,
거기선 갈대 속에서 달[月]이 자란다.
그 땅 우리와 함께 얼어붙어
사방에서 작열하며 바라본다.

그것이 본다, 눈[眼]이 있기에,
환한 땅들인 눈.
밤, 밤, 잿물.
그것은 본다, 눈의 자식.

그것이 본다, 그것이 본다, 우리가 본다,
내가 너를 본다, 네가 본다.
얼음이 부활한다
시각이 닫히기 전에.

숨결돌림

ATEMWENDE. Copyright © 1967
by Suhrkamp Verlag, Frankfurt am Main

Stehen
Keine Sandkunst mehr
Einmal
Du darfst
In die Rillen
Von Ungeträumtem
In den Flüssen
Wege im Schatten-Gebräch
Mit erdwärts gesungenen Masten
Mit den Verfolgten
Fadensonnen
Ich kenne dich
Weggebeizt
Helligkeitshunger
Den verkieselten Spruch
Ein Dröhnen
Das Geschriebene

그대 나를 안심하고
눈〔雪〕으로 대접해도 좋다.
내가 어깨에 어깨 걸고
뽕나무와 여름을 지날 때마다
그 갓 돋은
잎이 소리 질렀거든.

뽕나무 : 뜯어도 자꾸 돋아나는 잎 때문에 강한 생명력을 상징한다.

꿈꾸지 못한 것에 부식되어,
잠 못 이루고 헤맨 빵 나라가
삶의 산을 쌓아 올린다.

그 부스러기로
당신은 우리의 이름을 새로 반죽하고
그 이름들을 내가, 당신 눈과
닮은
외눈을 손가락 끝마다 달고
닳도록 더듬는다,
깨어나며 당신에게로 다가갈 수 있는
한 자리를 찾아
환한
입속의 굶주림촛불.

굶주림촛불 : Hungerkerze. 첼란의 조어로, 의미의 연결 방식을 짐작할 수 있는 유사 단어로는 굶주림샘(Hungerquelle, 어쩌다 비가 오면 물이 나오는 샘), 굶주림천(Hungertuch, 금식 기간 동안 성가대석에 걸거나 제단을 덮는, 대개 그리스도의 수난 장면이 그려진 천), 굶주림존재(Hungerdasein, 몹시 고생스러운 삶) 등이 있다.

그 고랑에다

문틈에 낀 하늘 동전의 팬 고랑에다
당신이 말을 눌러 넣고 있다
그 말에서 나, 굴러 나왔지.
떨리는 두 주먹으로
우리 머리 위 지붕을
기왓장 한 장 한 장,
음절 한 개 한 개 헐어 내다가
저 높은 곳 동냥
접시의 희미한
구리 빛을 위하여.

강물들에서 미래 북녘
내가 그물을 던진다, 그 그물을 당신이
머뭇거리며 눌러 준다
돌들이 써 놓은
그림자로.

그림자—부스러기 속의 길들,
네 손의

네〔四〕 손가락 이랑에서
나는 헤집어 낸다
돌이 된 축복을.

땅 쪽으로 노래 불린 돛대를 세우고
하늘 난파선이 간다.

이 목질(木質)의 노래
이로 깨물다 네가 굳어졌구나

너는 노래가 스미지 못하는
속눈썹.

실낱태양들

흑회색 황량함 위에 내린.

나무

높이의 사념 하나

빛소리를 잡으려 손을 뻗으니, 아직

부를 노래들이 있어라, 인간의

피안에.

실낱태양들 : 이 시는 잿빛 하늘에서 빛줄기들이 내리 비치는 가운데 한 그루 나무가 우뚝 선, 간결하고 장엄한 풍경을 묘사하고 있다. 그런데 이때 "나무/ 높이의 사념 하나(ein Baum-/ hoher Gedanke)"를 '고매한 사상(hoher Gedanke)'의 시적 형상화로 읽으면, 현실에만 매몰된 시에 대한 풍자로 볼 수 있다. 이 시가 쓰였던 때는 거대 정당이 서로 연합한 소위 대연정(groβe Koalition)의 시기로, 그 복고적 기류가 사회 비판적 지식인들과 학생들에게 위협적으로 다가오던 때였다.(이에서 비롯한 저항적 기류는 '68혁명'으로 이어졌다.) 특히 첼란이 매우 비판적 세계관을 가지게 된 시점에서 쓴 시임을 감안한다면, 이 시를 이렇게 번역할 수 있다. "실낱태양들/ 흑회색 황량함 위에 내린./ 나무만큼/ 고매한 사상 하나/ 빛소리를 잡으려 손을 뻗으니, 아직/ 부를 노래들이 있어라, 인간의/ 피안에."

(**나 당신을 알아**, 그대 깊숙이 몸 굽힌 여인.
나, 온통 꿰뚫린 자, 나는 그대의 휘하에.
우리 둘을 위하여 증언해 줄
한마디 말씀은 어디서 불타고 있는가?
그대——온전히, 온전히 현실이고. 나——온전한 광기(狂氣).)

당신 : 첼란이 파리로 이주한 뒤에 만나 결혼한 판화가 지젤 레스트랑주를 가리키는 것으로 알려져 있다. 이들 부부는 오랫동안 좋은 관계를 유지했으며, 레스트랑주의 작품들은 첼란의 후기 시들과 이미지가 매우 유사하다.

조약돌이 된 말씀, 주먹 안에서
당신은 잊는다, 당신이 잊는다는 것을

손목 관절에서 번쩍이며
문장 부호가 사격을 시작한다

빗살이 되어 버린
갈라진 땅을 지나
휴지(休止)가 말달려 온다

거기, 희생의 다년생 초목 곁,
기억이 타오르는 곳에서
한 분이 너희를 위해 주워 거두고 있다
입김을.

결 드러나도록 닦아 냈다
당신 언어의 빛바람으로.
자신의 체험인 양 여기는 것의
현란한 다변(多辯)—백 개의
혀를 가진 내
시(詩), 아무것도 아닌 것.

회오리쳐—
나가고
드러나는
길, 사람의
모습을 한 눈〔雪〕,
고해자의 눈을 지나
손님을 환대하는
만년설 방과 만년설 식탁들에 닿는 길.

시간의 균열 깊이
벌집 얼음
곁에서
기다리고 있다, 숨결의 수정(水晶) 하나,
폐기할 수 없는 당신의
증언(證言).

내 시(詩) : Meingedicht. 여기에 옮긴 대로 '내 시(mein Gedicht)'로 읽을 수도 있고 '위증(Meineid)'이란 단어에서 뜻을 유추하여 '위시(僞詩)' 혹은 '거짓 시'로 읽을 수도 있는 조어. "시(Gedicht)"는 "아무것도 아닌 것(Genicht)"과 운이 맞는다.

밝음에의 허기—허기져
나는 빵
계단을 나섰다
맹인들의
종(鐘) 아래로.

그 종, 물처럼
맑은
종, 젖혀지다
함께 오른 것, 함께
너무 많이 올라 버린 자유. 그 자유를
하늘 하나가 포식했다
그 하늘을 내가
궁륭의 형상대로 두었다
단어가 헤엄쳐 간
심상(心象)의 궤도, 피의 궤도 위로.

쓰인 것, 파이고 있고
말해진 것, 바다초록빛,
만(灣)안에서 불타고 있고

액화(液化)된 이름 속에서
쥐돌고래가 튀어 오르고

영원화(永遠化)한 '그 어디에도 없는 곳'에, 여기에,
너무나 요란했던 종소리의
기억 속에—대체 어디에?

누가
이
그림자 사방터 안에서
헐떡이는가, 누가
그 아래서, 희미하게
밝아오는가, 밝아 오는가, 밝아 오는가?

'그 어디에도 없는 곳' : geewigten Nirgends. 시어의 작위적인 품사 전환이 눈
 길을 끈다. '영원히(ewig)'라는 부사를 무리하게 동사화하여 과거분사형으
 로 썼으며, 부사인 '그 어디에도 ~ 없이(nirgends)'는 명사화했다.
사방터 : Schattengeviert. '죽은 자'라는 의미가 있는 '그림자(Schatten)'와 철
 학자 하이데거의 개념으로 삶의 터를 나타내는 '사방터(Geviert)'를 합성
 한 시어.

한 가닥 우렁찬 뇌성
진실 그것이
인간들 가운데로
들어서고 있다.
은유의 회오리
한가운데로

실낱태양들

FADENSONNEN. Copyright © 1968
by Suhrkamp Verlag, Frankfurt am Main

Die Spur eines Bisses
Die Unze Wahrheit
Schlafbrocken
Die Wahrheit
Du warst

깨물린 자국, 어디에도 없는 곳에.

그 자국도
너는 없애야 한다
여기서부터.

온스 진실, 광증 깊은 곳에,
그 곁을 스쳐서
저울 접시들이
굴러 온다
두 접시가 동시에, 대화 속에서

투쟁하며, 마음-
높이로 버텨 놓은 법(法),
아들아, 그것이 승리한다.

온스 : 무게 단위.

잠부스러기, 쐐기,
어디에도 없는 곳에 박혀
우리는 계속 우리와 비슷하다
빙 돌아
방향 잡힌 둥근 별이
우리에게 동의한다.

진실, 드러나 버린 꿈의 잔해에
밧줄로 몸 동이고,
어린아이 되어
능선을 넘는다.

지팡이,
흙덩이
자갈
눈〔眼〕씨앗에 어지럽게 에워싸여 골짜기 속
저 높은
곳에서 꽃피우는 '아니요'를—
화관(花冠)을 뒤적여 본다.

너는 나의 죽음이었다
너는 내가 붙들고 있을 수 있었다
모든 것이 떨어져 나가는 동안에도.

빛의 강박

LICHTZWANG. Copyright © 1970
by Suhrkamp Verlag, Frankfurt am Main

Hörreste, Sehreste
Einmal
Todtnauberg
Wo ich
Klopf

듣고 남은 것들, 보고 남은 것들
침실 1001호에,

밤낮으로
곰들의 폴카.

그들이 너를 재교육한다

너는 다시 된다
그가.

언젠가, 죽음이 대성황을 이루었다
당신이 내 안에 몸을 숨겼다.

토트나우베르크

아르니카 꽃, 눈길의 위안,
그 위에 별 모양 목각이
달린 우물 물을 마심,

오두막
안에서

책에
―누구의 이름이 그 책에 적혔는가
내 이름에 앞서?―
책에
적어 넣은,
그 한 줄, 희망을, 오늘,
생각하는 한 사람의
마음속으로
오고 있는
말
에의 희망을 담고,

고르게 만들지 않은 숲 속 습지,
오르히스 꽃 또 오르히스 꽃, 흩어져 하나씩,

잔인한 것, 나중에, 달리며,
선명해지고

우리를 타고 가는 것,
그것에 함께 귀 기울이는 인간,

절반
밟은 고습지 속 곤봉
오솔길,

젖은 것,
많이.

토트나우베르크 : 철학자 하이데거의 산장이 있는 곳이다. 1967년 여름, 하이데거는 첼란을 자신이 재직하는 프라이부르크 대학으로 초청하여 낭독회를 열었다. 성황을 이룬 낭독회에서 첼란의 시를 경청한 하이데거는

그를 개인적으로 산장에 초청하였다. 첼란의 착잡한 심경이 읽어 내기 어려울 정도로 압축되어 있는 시이다.

아르니카 꽃 : 노란 꽃이 피는 국화과 여러해살이풀로, 이 꽃에서 낸 즙으로 상처를 치료한다.

눈길의 위안 : Augentrost. '좁쌀풀'과 '눈요기'라는 뜻이 모두 있다. 아르니카 꽃에 대한 부연 설명이면서 동시에 그 주변의 다른 풀들을 가리킨다.

우물 : 하이데거의 오두막에서 내다보이는 우물을 가리킨다. 이 우물에 달린 단순한 별 모양 목각 장식은 유대인의 표지인 별과 모양이 비슷하다. 노란 아르니카 꽃과 연결되어 더더욱 유대인의 표지인 황색 별을 연상시킨다.

책에 적어 넣은, 그 한 줄, 희망을 : 이날 첼란은 방명록에 다음과 같이 적었다. "우물 별이 내다보이는 오두막의 책에 마음속으로 오고 있는 한마디 말을 희망하며. 1967. 7. 25. 파울 첼란."

오르히스 꽃 : Orchis. 음경 모양의 꽃이 피는 난초과 풀로, '총각풀'이라고도 불리며 '음경'이란 뜻도 있다. 7연의 '곤봉'과도 연상의 고리를 이룬다. 첼란은 청소년기부터 식물에 대하여 남달리 해박했다.

잔인한 것 : 하이데거와 나눈 대화를 가리키는 듯하다. 위대한 철학자이지만 나치 경력이 문제 된 하이데거와 나치의 대표적 피해자인 시인 첼란의 만남이었던 만큼, 추측이 무성하다.

고습지 : Hochmoor. 늪지 혹은 고습지는 곤봉(Knuppel)이라는 단어와 연결되어, 흔히 늪에 몰아넣는 방식으로 자행되던 유대인 처형을 연상시킨다.

거기 내가 당신 안에서 나를 잊어버린 곳에서
당신은 생각이 되었지,

무언가가
우리 둘을 뚫고 솰솰 흐르고 있다
마지막 날개들의
첫 번째 세상

풍상에 젖은
내 입
너머
가죽이 덧자란다

당신은
오지 않는다
당신
에게로.

두드려 그
빛쐐기를 떨어라.

물 위를 떠다니는 말은
어스름의 것.

눈[雪]파트

SCHNEEPART. Copyright ©1971
by Suhrkamp Verlag, Frankfurt am Main

Du liegst
Lila läuft
Unlesbarkeit
Schneepart
Ein Blatt
Die Ewigkeit
Die nachzustotternde Welt

보랏빛 공기, 노란 불빛 점 점 창문들이 있는

무너진 안할트 역사(驛舍) 위에 떠 있는
성좌, 야곱의 띠

요술 수업 시간이네, 아직은 아무것도
끼어드는 것 없네

선술집
에서
눈(雪)술집까지.

무너진 안할트 역사 : 앞 시와 같이 1967년 12월 첼란이 베를린에 갔을 때 쓰였다. 베를린 장벽 가까이에 있던 번화가 베를린의 안할트 역 부근은 전쟁 중 폭격으로 당시 거의 폐허가 되어 있었다. 첼란은 유대인에게 대규모 폭력이 가해졌던 소위 '수정의 밤' 다음 날인 1938년 11월 10일 아침, 이 역에 도착하여 범죄의 현장을 보았다.
야곱의 띠 : 오리온자리의 세 별을 이은 직선을 가리킨다.

당신은 누워 있구나 커다란 은신처에서
덤불에 에워싸여, 눈송이에 에워싸여.

슈프레 강으로 가라, 하펠 강으로 가라,
가라, 푸주한의 갈고리로
스웨덴산
빨간 크리스마스 장식 사과에로—

선물들이 놓인 식탁이 온다
그것이 어느 에덴을 돌아간다—

남자는 구멍 숭숭한 체가 되었고, 여자는
둥둥 떠다녀야 했다, 그 계집,
혼자서, 누구를 위해서도 아니게, 누구나를 위해서—

국방 운하에 여울 물소리 없겠구나
아무런
       막힘 없구나.

당신은 누워 있구나 : 첼란은 1967년 12월에 베를린을 방문했는데, 이 시는 크리스마스 무렵 임시 장터가 늘어선 베를린의 슈프레 강가, 하펠 강가를 배경으로 했다. 이 시에 대해서는 해석학자 스촌디가 상세하게 해설한 바 있는데, 그에 따르면 시의 남성 화자는 칼 립크네히트, 여성 화자는 로자 룩셈부르크를 상징한다. 총살당한 둘의 시체가 국경 수비 운하에 던져졌던 역사적 사실 (1919)을 회상시킨다. "푸주한의 갈고리"는 베를린 플뢰첸제 처형장의 갈고리를 가리키며, "어느 에덴"은 '에덴동산'이 아니라 이들 두 사람이 사살되기 전 억류되었던 호텔 이름이다. 또한 "계집(Sau)"은 '암퇘지'라는 뜻으로 당시 가해자들이 로자 룩셈부르크를 가리켜 썼던 욕설이다.
크리스마스 장식 사과 : Appelstaken. 성탄절 무렵 보통 현관문에다 거는 조그만 초록 화환으로, 여기서는 이 평화로운 장식물이 '푸주한의 갈고리(Fleischerhaken)'와 운을 맞추어 낯선 이미지를 환기시킨다.
국방 운하에 (중략) 아무런 막힘 없구나 : 국방 운하(Landwehrkanal)는 베를린 시내에 있었다. 이 얕고 작은 운하에 시체를 던졌을 때 물소리가 나지 않고 아무것도 막히지 않는다는 것은, 그 안에 던져진 시체가 무수한 관통상을 입어 체처럼 구멍이 나 있는 탓이다. 무심히 흘러가는 역사의 시간도 함께 읽을 수 있다. 그런데도 언어적으로는, "아무런 막힘이 없"을 것이라는 구절이 막힘 없이 이어지지 못하고 끊겨 있다.

읽을 수 없음, 이
세계의. 모든 게 두 겹.

강한 시계들이
쪼개진 시간에 따라 준다,
목쉬어서.

당신은, 당신의 가장 깊은 곳 안으로 옥죄어 들어,
<u>스스로</u>를 벗어난다
영원히.

눈(雪)파트, 마지막까지 거역하며 솟구쳐,
상승 기류 속에,
영영 창문을 막아 버린
오두막들 앞에.

얕은 꿈들이 씽 물수제비를 뜬다
골 진 얼음
너머로.

말(言)그림자들이
치고 나온다, 팔 펴서 재 본다
온 사방 꺾쇠들을
강둑 밑 팬 어느 곳에서.

파트 : 합창대의 한 '성부', 연극에서의 '역할'과 가장 가까운 뜻이다.

이파리 하나, 나무도 없이,
베르톨트 브레히트를 위하여.

이 무슨 시대란 말인가
대화가
거의 범죄이니
그 많은, 이미 말해진 것을
포함하기에.

이 무슨 시대란 말인가 (중략) 포함하기에 : 브레히트의 시 「후손들에게」에 나오는 유명한 구절 "이 무슨 시대란 말인가/ 나무에 대한 대화가 거의 범죄이니,/ 대화가 그 많은 범죄에 대한 침묵을 포함하는 까닭에."를 변형했다. 나치 시대의 정치 비판적 시구가 회의로 전환되며 극단적인 언어로 축약되었다.

영원(永遠)이 머물러 있다, 한계 안에
가벼이, 그 강력한 측량흡입관 안에
신중히,
돌고 있다, 손
톱으로 속속들이 빛날 수 있는
혈당(血糖) 완두콩.

측량흡입관 : Meβ-Tenakel. 의미를 짐작하기 어려운 조어이다. Tenakel은 하
 등동물이 먹이를 먹을 때 쓰는 관 모양의 기관을 뜻한다.

더듬더듬 따라 말할 세상
나, 그의 손님
이었으리, 이름 하나였으리,
상처가 높이 핥아 올라간
장벽에서 식은땀으로 흘러내린 이름.

더듬더듬 따라 말할 세상 : 1968년 11월 23일, 죽기 두 해 전 생일에 쓴 시로,
생의 결산처럼 읽힌다.

시간의 뜨락

ZEITGEHÖFT. Copyright © 1976
by Suhrkamp Verlag, Frankfurt am Main

Die Posaunenstelle
Die Pole
Es wird
Krokus
Schreib dich nicht
Gedichtzu, gedichtauf

나팔자리
이글거리는
빈 텍스트 깊숙이
횃불 높이로
시간구멍 속에.

너의 말을 들으라
입으로.

양극(極)이
우리 안에 있다
깨어서는
넘어갈 수 없이.
잠자며 우리는 건너간다, 문 앞으로
긍휼의 문 앞으로.

당신에 부딪쳐 당신을 잃는다, 그게
내가 준 눈〔雪〕 위로.

말하라, 예루살렘이 있다고

말하라, 마치 내가 이것
당신의 백색(白色)이라는 듯
마치 당신이
내 것이기라도 한 듯.

마치 우리가 우리 없이 우리이기라도 한 듯

내가 당신을 넘긴다, 영원히

당신이 기도한다, 당신이 놓는다
우리를 풀어놓는다.

있으리, 무언가가, 나중에
당신으로 채워져
솟구쳐
어느 입가에 이르는 것.

사금파리로 부서진
광기(狂氣)로부터
나는 일어나
내 손을 물끄러미 바라본다
그 손, 단
하나의
동그라미를 자꾸 그리고 있는 모습.

크로커스, 손님
식탁에서 바라보노라니
기호를 감지하는
작은 망명지로구나
공유한 진실 하나의 망명지, 넌 뭐든
꽃줄기가 필요하구나.

너를 써넣지 마라
세계들 사이로는,

일어나라
의미들의 다양(多樣)에 맞서,

눈물 자국을 믿으라
삶을 배우라.

시(詩) 닫고, 시(詩) 열고

여기서 빛깔들은
보호받아 본 적 없는
맨이마
유대인에게로 간다.
여기 떠오르고 있다
가장 무거운 사람이.
여기 내가 있다.

산문들

Gespräch im Gebirg
DIE NEUE RUNDSCHAU, 71, No. 2 (1960). Copyright © 1983
by Suhrkamp Verlag, Frankfurt am Main

Paul Celan - Ansprache
Ansprache anlässlich der Entgegennahme des Literaturpreises
der Freien Hansestadt Bremen (1958).
All rights reserved by Suhrkamp Verlag, Frankfurt am Main.

Le Méridien extrait
de Le Méridien & Autres proses. Copyright © 2001 by Editions du Seuil.
Collection La Librairie du XXIe siècle, sous la direction de Maurice Olender.
All rights reserved.

자유 한자 도시 브레멘 문학상 수상 연설

생각하다(Denken)와 감사하다(Danken)가 독일어에서는 어원이 같습니다. 그 뜻을 따라 가 보자면 '유념하다(gedenken)', '기억하다(eingedenk sein)', '추념(Andenken)', '예배(Andacht)'의 의미 영역으로 들어갑니다. 거기서부터 여러분들께 감사드릴까 합니다.

제가 온 고장—얼마나 많은 우회로를 거쳐서 왔는지 모릅니다! 우회로? 그런 게 있기나 했는지 모르겠습니다만—그 고장을 여러분 대부분은 잘 모르실 것입니다. 그건 마르틴 부버가 우리 모두에게 독일어로 다시 들려준, 저 하시딤의 이야기가 상당 부분 깃들어 있는 고장입니다. 이런 지형학적 스케치에 제가 몇 가지만 보충하자면, 여기서 아주 먼 곳입니다, 이제 눈앞에 떠오르네요,— 사람과 책이 살았던 지역입니다. 그곳에서, 이제는 역사에서 사라져 버린 옛 합스부르크 군주국의 한 지방에서, 처음으로 루돌프 알렉산더 슈뢰더라는 이름이 제게 다가왔습니다. 루돌프 보르하르트의 「수류탄이 있는 송시」를 읽다가요. 그런데 거기서 브레멘이라는 곳도 어렴풋이 알게 되었습니다. 브레멘 출판계의 출간물의 형태를 통해서요.

그러나 브레멘은, 책과, 책을 쓰고 책을 펴낸 사람들의 이름을 통해 가까이 다가왔던 브레멘은, '닿을 수 없음'의 울림을 지니고 있었습니다.

충분히 멀지만, 그래도 닿을 수 있는 것, 닿을 수 있는 그곳 이름은 빈(Wien)이었습니다.

그 닿을 수 있는 곳도 세월이 가면서 어떻게 되었는지는 다들 아시겠지요.

여러 가지 상실 한가운데서 닿을 수 있게, 가까이에, 상실되지 않고 이 한 가지가 남아 있었습니다. 언어(言語)요.

그것은, 언어는, 상실되지 않고 남아 있었습니다, 그렇지요, 그 모든 것에도 불구하고요. 그러나 언어는 뚫고 가야만 했습니다. 그 자체의 '대답 없음'을, 무서운 실어(失語)를, 죽음을 가져오는 연설의 수천 겹 어둠을 뚫고 가야 했습니다. 언어는 지나갔으며, 일어난 일에 대해 어떤 답도 내주지 않았습니다. 역사를 뚫고 갔습니다. 그러나 다시 드러날 수 있게 되었습니다, 그 모든 것으로 '풍부해져서'요.

이 언어로 저는, 그 세월에 또 그 후의 세월에도, 시를 쓰려고 해봤습니다. 말하기 위해서, 방향을 잡기 위해서, 제가 어디 있으며 저를 끌고 가는 힘이 어디로 가는지 알아내기 위해서, 제 자신을 위한 현실(現實)을 기획(企劃)하기 위해서 말입니다.

그것은, 아시다시피 사건이고 움직임이고 '도중에 있음'이었고, 방향을 얻으려는 시도였습니다. 그리고 그 의미를 따져 본다면, 아마 저는 제 자신에게 이렇게 말해야 할 것 같습니다. 이 물음에는 시곗바늘의 향배에 대한 물음도 함께 들어 있다고요.

왜냐하면 시(詩)는 시간(時間)을 초월하는 것이 아니기 때문입니다. 분명, 시는 무한에의 요구를 제기합니다, 시는, 시간을 뚫고 무얼 붙들어 보려 합니다.─시간을 뛰어 넘어서가 아니라, 시간을 뚫고서요.

시는, 언어의 한 현상 형태로, 그 본질상 대화적이기 때문에 일종의 '유리병 편지(Flaschenpost)' 같습니다,─분명 희망이 늘 크지는 않은─믿음, 그 유리병이 언젠가, 그 어딘가에, 어쩌면 마음의 땅에 가 닿으리라는 희망을 품고 유리병에 담아 띄우는 편지요. 한 편 한 편의 시들도 이런 식으로 도중에 있습니다. 무언가를 마주해 있는 겁니다.

무얼 마주해 있느냐고요? 열려 있는 것, 점령할 수 있는 것을 향해서, 어쩌면 말을 건넬 수 있는 '당신'을 향해서, 말을 건넬 수 있는 현실(現實) 하나를 향해서요.

시에서 문제 되는 건, 그런 현실들이라고 저는 생각합니다.

또 이런 생각도 해 봅니다, 이런 사고 과정들은 제 자신뿐 아니라 보다 젊은 세대 다른 시인들의 노력에도 수반되고 있다고요. 바로 이런 사람의 노력 말입니다. 별들이─별도 인간의 작품이지요─머리 위로 날아간 사람요, 그는 또한 지금까지 예감하지 못했다는 의미에서 시간을 초월한, 그리고 그럼으로써 더없이 무시무시하게, 아무것도 없는 벌판에서, 자신의 현존(現存)과 더불어 언어(言語)에게로 가고 있습니다, 현실에 상처 입고 현실을 찾으면서.

(1958)

자오선
―게오르크 뷔히너 상 수상 연설

여러분!

  예술(Kunst), 이건요, 기억하시지요, 마리오네트 인형 같은, 약강격 5운각으로 운을 맞춘, 그리고―이 특징은 피그말리온과 그가 만들어 낸 피조물로 신화적으로 증명되었는데요―자식을 못 낳는 본질입니다.
  이런 모습으로 예술은 담화의 대상이 됩니다. 그러니까 혁명의 광장이 아니라 실내에서 이루어지는 담화, 우리가 느끼다시피, 끝없이 계속될 수도 있는 담화의 대상이죠, 무슨 일이 중간에 벌어지지만 않는다면요.
  그런데 무슨 일이 중간에 벌어집니다.

  예술은 돌아옵니다. 게오르크 뷔히너의 다른 작품 「보이체크」에서 돌아오지요, 이름 없는 사람들 가운데서도,—「당통의 죽음」을 그대로 따라 한 모리츠 하이만의 말을 빌려 오자면—아직은 "어렴풋한 천둥 번개 빛" 속에서요. 똑같은 예술이, 이런 전혀 다른 시간에 다시 마당으로 나옵니다. 요란한 장사치 모습으로요. 이제 담화에서처럼 "이글거리고" "포효하고" "빛나는" 창조와 연관시킬 수 있는 모습으로가 아니라, 보잘것없는 생명 곁에서 또 이 인물에 "붙어 다니는" "아무것도 아닌 것" 곁에서 나타납니다—예술은 이번에는 원숭이의 모습으로 나타납니다, 하지만 똑같은 것입니다. '바지저고리'에서 우리는 금방 '예술'을 알아봤지요.

그리고 뷔히너의 세 번째 작품에서도 그것은—예술요—우리에게 옵니다. 「레옹세와 레나」에서요, 여기서 시간과 조명은 다시 알아볼 수 없습니다. 여기서 우리는 "낙원으로 도피 중"이거든요. "시계와 달력을 모조리" 곧 "깨부수거나 금지시킨"답니다—그러나 그 바로 전에, 두 남녀가 소개됩니다. "세계적으로 유명한 자동 장치 둘이 도착했습니다." 그리고 자기는 "어쩌면 제삼자이고 그 둘 중 가장 이상한 사람"이라는 자가 하나 와서 "들들거리는 소리로" 우리로 하여금 눈앞에 서 있는 것을 보고 놀라게 합니다. "예술과 메커니즘일 뿐이죠, 마분지 뚜껑과 시계 태엽일 뿐입니다!"라면서요.

예술은 여기서 지금까지보다 무얼 더 많이 거느리고 나타납니다, 그러나 선명히 보이는 건, 예술이 그 비슷한 것들 가운데 있다는 겁니다, 같은 예술입니다. 우리가 이미 잘 아는 예술이지요.—발레리오는 요란한 장사치의 다른 이름일 뿐입니다.

예술은, 여러분, 그에 소속되고 또 그에 덧붙여지는 모든 것과 더불어, 하나의 문제이기도 합니다. 보이는 바로는 갖가지 모습으로 나타날 수 있는 질기고 수명 긴 문제, 영원하다고 할 문제입니다.

필멸의 인간, 카미유, 그리고 오로지 그의 죽음에서부터 이해되는 인물 당통에게 말에 말을 늘어놓게 하는 문제죠. 예술에 대해서야 이야기하기 좋지요.

그러나 예술 이야기가 나오면 언제든 이런 사람들도 있지요. 자리에 있기는 하지만…… 제대로 귀 기울여 듣지는 않는 사람요. 듣고, 취하고, 보고…… 그러고는 무슨 이야기가 있었는지는 모르는 사람요. 하지만 누가 말을 하면 그 말을 듣고 그 "말하는 모습을 보고" 언어를 인지하고 그 형상을 인지하는 동시에—누가 여기서, 이 문학의 영역에서 그걸 의심할 수 있겠습니까?—숨결까지도, 즉 방향과 운명까지도 인지하는 사람요.

그건, 벌써 아셨죠, 그 사람이 옵니다, 참으로 자주, 그냥 자주도 아니고 참으로 자주 인용된 사람요, 해가 바뀌어도 매해 여러분들에게 오지요—그건 뤼실입니다.

담화 중간에 벌어지는 일, 그건 인정사정없이 개입합니다, 우리와 함께 혁명 광장에 이릅니다. 마차가 도착해서 멈춥니다.

함께 실려 온 사람들이 있군요, 한 사람도 빠짐 없이요, 당통, 카미유 등등요. 그들 모두가, 여기서도, 발언합니다, 예술이 풍부한 능변입니다, 그들이 말합니다, 여기서 뷔히너를 잠깐 인용하자면,

함께 '죽음으로'라는 이야기가 있습니다. 파브르는 심지어 "두 번"도 죽겠다고 합니다, 모두가 격앙되어 있습니다. 다만 두엇의 목소리, "몇몇의"—이름 없는—목소리들은 이 모든 것이 "이미 한 번 있었던 일이며 지루하다."라고 느낍니다.

그런데 여기, 모든 것이 끝나는 곳, 이 길게 느껴지는 순간에, 카미유가—아뇨, 그가 아닙니다. 그 자신이 아니라 함께 마차에 실린 어떤 사람이—극적으로—약강격 5운각으로, 라고 하고 싶을 정도입니다—죽음을 맞는 순간에,—이 죽음을 독자는 두 장면이 더 지나가고 나서야, 그에게 참 낯선—그에게 참 가까운—말 한 마디를 듣고 알게 됩니다만, 격정과 단언들이 사방에서 카미유를 에워싸고 "인형"과 "철사줄"의 승리를 증명할 때, 그때 예술에는 장님인 뤼실이, 그녀에게는 언어가 뭔가 인격적이고 인지할 수 있는 것이었던 그 뤼실이 다시 한 번 모습을 드러냅니다. 느닷없이 "국왕 만세!"라고 외치면서요.

단상에서—단상이란 단두대입니다—그 모든 발언이 있은 다음에—이 무슨 어처구니없는 말입니까! 이건 대항의 말(Gegenwort)입니다. "철사줄"을 끊는 말입니다, "역사의 모퉁이에 선 구경꾼이나 혹은 앞세운 화려한 의장마(儀仗馬)" 앞에서 더 이상 굽히지 않는 말입니다, 자유의 행위입니다. 한 걸음입니다.

확실히, 이렇게 들립니다—이 말은 아마 제가 지금, 오늘 그것에 대해 감히 말하는 것과 연관시켜 보면 우연이 아닐 겁니다—얼른 들으면 "구체제"를 신봉하는 고백처럼도 들립니다. 제가 표트르 크로포트킨과 구스타프 란다우어의 글들을 읽고 자라난 터라 이런 점을 부각시키니 용서하십시오— 하지만 여기서는 그 어떤 군주제나 그 어떤 보존할 용의가 있는 "어제"에 경의를 표한 것이 아닙니다. 여기서 경의를 표하는 대상은 인간적인 것의 여기 있음을 증언하는 권위, '부조리의 권위'입니다.

이런 것이, 여러분, 언제든 부를 수 있는 분명하게 적힌 이름은 없습니다만, 저는 믿습니다. 이런 것이…… 문학이라고요.

"아, 예술!" 보시다시피 저는 뤼실이 한 이 말에 매달려 있습니다. 이 말은, 저도 철저히 의식하고 있습니다, 이렇게도 저렇게도 읽을 수 있습니다. 악센트를 다양하게 실을 수 있지요. '오늘의 것'의 날카로운 악상테귀, '역사적인 것'의—또한 문학사적인 것의—무게 실린 악상그라브, '영원한 것'의 악상시르콩플렉스—늘 임표요.
제가 찍는—제게 다른 선택은 없습니다—악센트는 악상테귀입니다.

예술, "아, 예술!" 이것에는, 그 변용의 능력과 더불어 편재(遍在)의 천성도 있습니다—그것은 '렌츠'에게서도 다시 나옵니다,「렌츠」에서도—강조하건대—「당통의 죽음」에서처럼, 에피소드로요.

테이블 너머 렌츠는 다시 기분이 좋아져 있었다. 문학 이야기를 하고 있었고, 문학은 자기 분야였던 것이다…….

　　……무언가 창조된 것은 목숨이 있다는 느낌이 이 두 사람 위에 감돌고 있으며 그 느낌은 예술이라는 문제의 유일한 범주라는 것이었다…….

　　두 문장만 뽑아 본 것입니다. 무게 실린 악센트 악상그라브와 관련한 제 양심의 가책으로 인하여 제가 여러분들에게 곧바로 가리켜 보이지 못하고 있는데요—이 구절은 다른 구절들보다 문학사적 타당성이 있습니다. 이를 이미 인용한 「당통의 죽음」에 나오는 담화와 함께 읽을 줄 알아야 합니다, 여기에 뷔히너의 미학적 구상이 표현되고 있거든요, 여기서부터 뷔히너의 미완성 작품 「렌츠」를 떠나—라인홀트 렌츠에 이르게 됩니다. 『연극에 대한 주석』의 저자요, 그리고 그를, 그러니까 실재 인물 렌츠를 거쳐서, 메르시에가 한 말, 문학적으로 퍽 풍요로운 "엘라르지세 라르."라는 말로 돌아가 보겠습니다. 이 구절은 전망을 열어 보입니다, 여기에 자연주의가 있습니다, 여기에 게르하르트 하웁트만이 이미 있습니다, 여기에서 뷔히너 문학의 사회적, 정치적 뿌리도 찾아볼 수 있고 또 찾아낼 수 있습니다.

　　여러분, 제가 이를 지나치지 못하는 것은, 비록 일시적이나마, 제 양심을 진정시키기는 합니다만, 동시에 그 점이 여러분들에게 가리켜 보여 주는 것은,—그리고 그럼으로써 제 양심도 새롭게 진정시킵니다—저는 예술과 관련이 있어 보이는 것에서 벗어나지 못하고 있다는 점입니다.

그걸 저는 여기 「렌츠」에서도 찾고 있습니다—여러분들에게 가리켜 보이겠습니다.

렌츠, 그러니까 뷔히너는, "아, 예술!"이라는, 매우 경멸적인 말을 '관념론'과 그 '목각 인형들'에 대해 하고 있습니다. 그는 그 목각 인형들에 맞세웁니다—여기에 "가장 보잘것없는 것의 생명", "경련", "암시", 그 "지극히 섬세하고, 거의 알아차려지지 못한 표정 유희"에 대한 잊을 수 없는 구절들이 이어지는데요.—그는 목각 인형들에 맞세웁니다, 자연스러움과 생물성을요. 그리고 예술에 대한 이런 견해를 그는 이제 한 가지 경험을 들어 그려 냅니다.

어제 골짜기를 끼고 올라가다가 바위 위에 두 소녀가 앉아 있는 걸 보았다. 한 소녀가 땋아 올린 머리를 푸는데 다른 소녀가 돕고 있었다. 황금빛 머리가 드리워졌다, 진지하면서도 창백한 얼굴, 참 젊었고, 검은 전통 의상을 입고 있었고, 다른 한 소녀는 참 조심스럽게 애를 쓰고 있었다. 옛 독일화파의 가장 아름답고 가장 다정한 그림들도 이런 장면은 거의 예감도 전하지 못하지. 어떤 때는, 메두사 대가리라도 되어서 저런 모습을 돌로 굳혀 놓고 사람들을 불러오고 싶다.

여러분, 유의해 주시기 바랍니다. '메두사 대가리라도 되고 싶다.'라는 겁니다······. 자연의 것을, 예술을 도구로 붙잡아 두기 위해서요!
 주어를 못 박고 있지는 않지만, 여기서는 물론 내가 그러고 싶다는 겁니다.

 이건 인간적인 것을 벗어나 가는 겁니다. 그저 인간적인 것을 향해 있을 뿐인 무시무시한 영역으로 들어가는 겁니다—원숭이 모습, 자동 장치, 그리고…… "아, 예술!" 또한 자리 잡고 있는 것 같아 보이는 그 영역으로요.
 그렇게 말하고 있는 것은 실재했던 렌츠가 아닙니다. 뷔히너의 렌츠입니다, 여기서 우리는 뷔히너 자신의 음성을 듣고 있는 겁니다. 예술은 뷔히너에게 있어서 여기서도 무언가 무시무시한 것입니다.

 여러분, 저는 날카로운 악상테귀를 찍었습니다. 예술과 문학에 대한 물음으로써,—다른 물음들 중 하나인—이 물음으로써 저는, 뷔히너가 물었던 것을 찾아보기 위해서, 비록 자발적으로는 아니어도 분명 제 나름으로 뷔히너에게로 갈 수밖에 없었습니다. 그러나 그 사실을 제 자신이나 여러분을 위한 위로로 삼지는 않겠습니다.
 여러분도 보시지 않습니까. 예술이 나타나기만 하면 나오는, 발레리오의 "들들거리는 소리"는 넘겨들을 수 없습니다.
 이것은 아마—뷔히너의 음성이 이런 추측을 하게 합니다—오래된 또 가장 오래된 무시무시함들일 겁니다. 제가 오늘 이렇게 집요하게 그것에 매달리는 건 아마 공기 탓이기도 할 겁니다—우리가 숨 쉬는 공기요.

게오르크 뷔히너에게서, 이 보잘것없는 생명들의 시인에게서, 어쩌면 절반만 말한, 어쩌면 절반만 의식된, 그러나 그렇다고 해서 덜 과격하지는 않은—혹은 바로 그 때문에 가장 고유한 의미에서 과격한 '예술의 의문시'를 찾아볼 수 있지 않을까요, 이 방향에서 의문시되는 것이 있지 않나요? 모든 오늘의 문학이 계속 묻고자 한다면 되돌아가야 할 문제 제기가 있지 않을까요? 몇 가지를 건너뛰어 달리 표현하자면—우리는 지금 여러 곳에서 일어나듯, 예술에서, 앞서 주어진 것이자 조건 없이 전제되는 것의 하나인 예술에서 출발해도 될 겁니다. 아주 구체적으로 표현하자면, 무엇보다—이렇게 말해 보지요—말라르메를 철저하게 끝까지 생각해야 할 겁니다.

제가 앞서 짚고, 앞질렀습니다—아주 멀리는 아니고요, 저도 압니다,—뷔히너의 렌츠로 되돌아갑시다—저 에피소드 같은—대화로요. "테이블 너머"로 진행되는, 거기서 렌츠가 "기분 좋았던" 대화요.
렌츠가 길게 이야기를 합니다, "미소를 짓기도 하고, 진지하기도" 하면서요. 그리고 대화가 끝난 이제, 렌츠, 그 예술 문제에 몰두하는 사람에 대해, 또한 동시에 예술가 렌츠에 대해서 "그는 완전히 자신을 잊었다."라고 되어 있습니다. 저는 읽으면서 뤼실 생각을 합니다. 이렇게 되어 있네요. 그, 그 자신이라고요. 예술을 눈앞에 보고 있고, 생각에 담고 있는 사람, 렌츠는—여기서 저는 작품「렌츠」에 머물고 있습니다, 그는 자신을 잊었습니다. 예술은 '자아로부터의 거리(Ich-Ferne)'를 만들어 냅니다. 예술은 여기서 특정한 방향에서 특정한 간격을, 특정한 길을 요구합니다.

그런데 문학은요? 어쩌면 예술의 길을 가는 문학은요? 그렇다면 여기에는 정말로 메두사 대가리와 자동 장치에 이르는 길이 주어져 있는지도 모릅니다!

저에게는 이제 출구가 없습니다, 물을 뿐입니다, 같은 방향에서, 또 아마 미완성 작품「렌츠」로써도 주어진 방향에서 계속 물을 뿐입니다.

어쩌면—저는 물을 뿐입니다—문학은, 예술처럼, 자신을 잊은 자아와 더불어 저 무시무시하고 낯선 것에게로 가고 있을 겁니다—그러다 다시—어디서일까요? 어느 곳일까요? 무얼 가지고? 무엇으로써?—자유롭게 분출하겠지요?

그렇게 문학이 가는 길이 예술인지도 모릅니다—더도 덜도 아니고요. 알고 있습니다.

다른 길, 지름길들이 있습니다. 그리고 문학도 이따금은 우리를 앞서 달려 갑니다. 라 포에지, 엘 로시, 브륄레 노 에타페.

자기를 잊은 자, 예술에 몰두하는 자, 예술가는 이제 떠나겠습니다. 저는 뤼실에게서 문학과 마주친 것 같습니다, 뤼실은 언어를 형상과 방향과 호흡으로 인지합니다—저는 여기 뷔히너의 문학에서도 같은 것을 찾고 있습니다, 렌츠 자신을 찾고 있습니다. 실재했던 인물인 그를요. 그의 모습을 찾고 있습니다. 문학의 장소를 위해서, 분출을 위해서, 발걸음을 위해서요.

뷔히너의 렌츠는요, 여러분, 미완성에 그쳤습니다. 이 존재가 어떤 방향을 취했는지 알기 위하여 실재 인물 렌츠를 조사해야 할까요?
"그의 존재가 그에게는 필연적인 짐이었다—그렇게 그는 살다…… 가 버렸다." 여기서 이야기가 뚝 끊깁니다. 그러나 문학은, 렌츠처럼, 그 방향 가운데서 형상을 찾으려 합니다. 문학은 앞서 달려가잖아요, 우리는 압니다, 그가 살다…… 어디로 가 버렸는지를요, 그가 어떻게 살다…… 가 버렸는지를요.
1909년 라이프치히에서 나온 야코프 미하엘 라인홀트 렌츠의 작품집 한 권에 적혀 있네요—M. N. 로자노프라는 한 모스크바 대학 강사의 글에서 비롯된 글요—"구원자로서의 죽음은 머지않아 왔다. 1792년 5월 23일에서 24일 아침에 이르는 밤 렌츠는 모스크바 노상에서 숨이 끊긴 채 발견되었다. 어느 귀족의 돈으로 묻혔다. 묻힌 곳이 어딘지는 아무도 모른다."
그렇게 그는 살다 가 버렸습니다.
그가요, 진짜 렌츠, 뷔히너의 렌츠, 뷔히너의 인물, 우리가 이야기 첫 페이지에서 인지할 수 있었던 인물, "정월 스무날 산으로 간" 렌츠, 그—예술가가 아니라 예술의 문제에 몰두하는 사람, '자아'로서의 그가요.

지금 어쩌면 우리는 낯선 것이 있던 그 장소를 찾아낸 걸까요, 인물이—서먹해진—자아로서, 분출할 수 있었던 그 장소를 찾아낸 걸까요?

"……다만 그는 이따금씩 언짢았다, 물구나무서서 두 손을 짚고 걸을 수 없다는 것이."—이것이 그입니다, 렌츠요, 이것이 제 생각으로 그이고 그가 디딘 발걸음입니다. 그가 외친 "국왕 만세"입니다.

"……다만 그는 이따금씩 언짢았다, 물구나무서서 두 손을 짚고 걸을 수 없다는 것이." 물구나무서서 가는 사람에게는요, 여러분,—물구나무서서 두 손을 짚고 걸어가는 사람, 그에게는요, 하늘이 발아래 심연으로 있습니다.

여러분, 오늘날 흔히들 문학의 '어둠'을 비난합니다. 이 자리에서 불쑥 파스칼의 한마디를 인용하는 것을 용서하십시오,—그러나 여기서 무언가가 느닷없이 나타나지 않습니까?—얼마 전 레오 세스토프의 글에서 읽은 구절입니다. "느 누 르프로셰 파 르 망크 드 클라르테 퓌스크 누 앙 페종 프로페시옹."—제 생각에 이건, 선천적인 것은 아닐지 몰라도, 하나의 만남을 위해—어쩌면 스스로 기획한—먼 곳이나 낯선 곳으로부터 와서 문학에 귀속된 어둠입니다.

그러나 어쩌면, 똑같은 방향에, 두 가지 종류의 낯선 것이—바짝 붙어 있습니다.

렌츠—즉 뷔히너—는 여기서 렌츠보다 한 발자국 더 갑니다. 그의 "국왕 만세"는 더 이상 말이 아닙니다. 그것은 무서운 실어(失語)입니다. 그도, 또 우리도 막힙니다—숨이 막히고, 말도 막힙니다.

문학, 그건 숨결돌림을 뜻할 수 있습니다. 누가 알겠습니까, 어쩌면 문학이 그 길을—또한 예술의 길을—그런 숨결돌림을 위해 가고 있는지를요? 어쩌면 문학은 해낼 겁니다, 낯선 것, 그러니까 심연과 메두사 대가리, 심연과 자동 장치들이 한 방향에 놓여 있는 것 같은,—여기서 어쩌면 해낼 겁니다.

여기서 해내겠지요, 낯섦과 낯섦을 구별하는 것을. 어쩌면 바로 여기서 메두사 대가리가 오그라들고, 어쩌면 바로 여기서 자동 장치가 힘을 잃겠지요.—이 한 번뿐인 짧은 순간에요. 어쩌면 여기서, 자아와 더불어—여기에 이런 식으로 분출된 서먹해진 자아와 더불어—어쩌면 여기서 또 타자도 드러나겠지요?

어쩌면 시는 거기서부터 그 자체일 겁니다……. 그리고 이제, 예술, 꾸밈 없는 그것은, 예술에서 벗어난 방식으로, 예술의 다른 길들을 갈 수 있을 겁니다, 그러니까 예술이 가는 길들도 가고—다시 또다시 가겠지요?

어쩌면요.

어쩌면 말해도 되겠지요, 한 편 한 편의 시에는 그것의 '정월 스무날'이 적혀 있다고. 어쩌면 오늘날 쓰이는 시들에서 새로운 점은 바로 이것 아닐까요. 여기서 가장 뚜렷하게, 그런 날짜들을 기억하고 있으며, 기억하려 한다는 것요?

그러나 우리는 모두가 그런 날짜로부터 쓰고 있지 않습니까? 어느 날짜를 우리는 우리의 것이라고 생각하고 있나요?

그러나 시가 말합니다! 그의 날짜들을 기억하고 있거든요, 그러나—말합니다. 확실히, 오직 자신의 더할 나위 없이 고유한 일 가운데서 말합니다.

그러나 저는 생각합니다—그리고 이 생각이 이제 여러분들을 별로 놀라게 하지 않을 겁니다—옛적부터 시의 희망 중 하나는 바로 이런 방식으로 낯선—아니, 이 말은 이제 더 안 쓰겠습니다—바로 이런 방식으로 하나의 타자의 안건을 이야기하는 것이라고 저는 생각합니다—누가 알겠습니까, 어쩌면 전혀 다른 타자의 안건에서인지.

제가 지금 말한, 이 "누가 알겠습니까"는, 오늘 여기에서 오래된 희망들에 제가 덧붙일 수 있는 유일한 것입니다.

어쩌면 이제 저는 이렇게 말해야겠습니다,—어쩌면 심지어 이 '전혀 다른 타자'의—여기서 잘 아는 보조어를 쓰겠습니다—너무 멀지 않은, 아주 가까운 '다른 타자'와의 만남을—언제나 거듭 생각할 수 있겠지요.

시는 머물고 있거나 경계하며 멈추어 있습니다—생명체와 연관되는 한마디 말을—그런 생각을 하면서요.

아무도 말할 수 없습니다, 숨 돌릴 틈이―희망과 생각이―얼마만큼이나 더 지속될지. 벌써부터 "바깥"에 와 있던 "빠른 것"이 속도를 얻습니다, 시는 그걸 압니다. 그러나 시는 굽힘 없이 저 타자를 향해 있지요. 도달할 수 있는 것으로, 분출할 수 있는 것으로 어쩌면 빈 것으로 그러면서도 그것을, 시를―뤼실처럼이라 할지요―향해서 생각하는 타자요.

확실히, 시는―오늘날 시는―보여 줍니다, 그리고 제 생각에는―과소평가할 수 없는―단어 선택의 어려움과 바로 관계가 있습니다. 구문의 더 급속한 경사면이나 생략의 더 깨어 있는 의미와 관계가 있습니다―시는 보여 줍니다, 이건 착오의 여지가 없습니다, 강한, 실어(失語)에의 경향을요.

시는 자신을 주장합니다―그렇게 극단적인 말을 많이 하고 나서 이런 말까지 하는 걸 용서하십시오―시는 자신을 주장합니다, 자기 자신의 가장자리에서요, 자신을 되부르고 데려옵니다, 존속할 수 있기 위해서요, 몸을 내맡기지 않고 그것의 '이미 더는 아님(Schon-nicht-mehr)'에서부터 자신의 '그래도 아직(Immer-noch)'에로요.

이 '그래도 아직'이 아마도 다만 하나의 발언일 수 있습니다. 그러니까 그냥 언어가 아니고, 추측건대 말에서부터 비로소 '일치'도 아닙니다.

개별화의 표지 아래서 분출된, 활성화된 언어이지요. 이 개별화는 과격하게 일어나면서도, 동시에 언어가 그것에 그어 놓은 한계들과 언어가 열어 준 가능성들을 늘 생각하고 있습니다.

  시의 '그래도 아직'은 아마도 이런 사람들의 시에서 발견될 수 있을 겁니다. 자신이, 자신의 현존(現存)의 경사각(傾斜角) 아래서, 그의 생물성의 경사각 아래서 말하고 있다는 것을 잊지 않은 사람들의 시요.

  그때 시는─지금까지보다 더 뚜렷하게─형상이 된 개개인의 언어일 겁니다.─그리고 그의 가장 내적인 본질에 따라 '이 자리에 있음'이고 현전(現前)일 겁니다.
  시는 고독합니다. 고독하고 도중에 있습니다. 그런데 그런 시를 쓰는 사람은 언제까지나 시에 함께 주어져 있습니다.
  그러나 시는 바로 이 점을 통해서, 그러니까 벌써 여기에, 만남 가운데, 있지 않습니까─만남의 비밀 가운데요?

  시는 하나의 타자에게로 가려 합니다, 타자를, '마주 섬'을 필요로 하지요. 시는 그걸 찾아갑니다, 자신을 그것에게 줍니다.
  타자를 향해 있는 시에게는 사물 하나하나, 사람 하나하나가 그대로 타자의 형상입니다.
  시가 만나게 되는 모든 것에 기울이려고 하는 주목은요, 즉 디테일에 대한, 윤곽에 대한, 구조에 대한, 빛깔에 대한, 또한 '움직임'과─'암시'에 대한 시의 보다 날카로운 감각은요,─그 모든 것은, 제 생각으로는 날마다 완벽해지는 도구를 써서 경쟁하는, 혹은 함께 열의를 내는 눈의 성취가 아닙니다. 그보다는 우리들의 모든 일자(日子)를 언제까지나 기억하는 집중이지요.

 '주목'이란—여기서, 발터 벤야민의 카프카 에세이에 나오는 말브랑슈를 인용하겠습니다—, "주목이란 영혼의 자연스러운 기도"입니다.

 시는—그 어떤 조건에서도!—여전히—인지하는 사람의, 나타나는 것을 향하고 있는 사람의, 이 나타나는 것에게 묻고 말을 거는 한 사람의 시가 됩니다. 시는 대화가 됩니다—자주 절망적인 대화이지요.

 이런 대화의 공간에서 비로소 말을 받은 것은, 말을 걸고 그 이름을 부여한 자아 주위에 집결됩니다. 그러나 말을 받는 것, 그리고 이름 불리움을 통해, 이를테면 '너'가 되어 버린 것은, 그 '다름'도 함께 이 현재 속으로 가지고 옵니다. 시의 '지금, 여기' 가운데서 아직—시 자체가 늘 이 하나의, 일회적인 점(點) 같은 현재를 지니고 있습니다—이 직접성과 가까움 가운데서 아직 시는 그것, 즉 타자에게서 가장 고유한 것이 함께 발화되게 합니다. 그 시간 말입니다.

 우리는, 그렇게 사물들과 이야기하면서, 여전히 그것의 '어디에서와 어디로'에 대한 질문에 머물고 있습니다. '열려 있는 것'에서—'끝에 이르지 않는 곳', 열린 곳, 빈 곳, 그리고 트인 곳을 가리키는 물음—우리는 멀리 바깥에 있습니다.

 시는 찾고 있습니다. 제 생각으로는요, 이런 장소도요.

시?
그 이미지와 전의(轉義)적 표현을 가진 시는요?

여러분, 이런 방향으로부터, 이런 방향에서, 이런 말들로 시를—아니, 바로 그런 시를 이야기하고 있는데, 그렇다면 저는 대체 무슨 이야기를 하고 있는 걸까요?
존재하지 않는 시 이야기를 하고 있는 겁니다!
절대시(絶對詩)이야기를 하고 있는 겁니다—아니, 그런 시는 없을 겁니다, 존재할 수가 없습니다!
아니 어쩌면 존재할 겁니다, 실제의 시 한 편 한 편과 더불어 있을 겁니다, 가장 까다롭지 않은 시와 더불어, 이 물리칠 수 없는 물음이, 이 전대미문의 요구가 있습니다.

그러면 이미지는 무엇이겠습니까?
한 번, 언제나 거듭 한 번 그리고 지금에만 여기서만 인지되었으며 인지될 수 있는 것입니다. 시는 그럼으로써 모든 전의적 표현과 은유가 이 어처구니 없는 지점까지 인도되려 하는 장소일 겁니다.

토포스냐고요?
확실히 그렇습니다, 그러나 연구되는 것의 빛 속에서이지요, 유토피아의 빛 속에서요.
그러면 인간은요? 그리고 보잘것없는 생명들은요?
이 빛 속에 있지요.

이 무슨 엄청난 질문들인가요! 이 무슨 요구들인가요!
돌아갈 시간입니다.

여러분, 저는 끝에 왔습니다―다시 시작한 곳으로 돌아와 있습니다.

엘라르지세 라르! 이 물음이 옵니다, 그 오래된, 그 새로운 무시무시함과 더불어 우리들에게로 다가옵니다. 저는 그 물음과 함께 뷔히너에게로 갔습니다―저는 거기서 그 물음을 다시 찾아낸다고 생각했습니다.

저는 대답 하나도 준비해 놓고 있었습니다. 뤼실이 했던 것 같은 대항어(對抗語)―한마디요. 저는 무언가를 맞세우고자 했습니다, 저의 항의와 더불어 존재하고자 했습니다.

즉 예술을 확장한다?

아닙니다. 저는 예술과 더불어 '너'의 가장 고유한 협소한 곳 속으로 갑니다. 그리고 '너'를 풀어놓습니다.

나는, 여기서도, 여러분이 계신 가운데에서도 그 길을 갔습니다. 그건 하나의 원이었습니다.

예술은, 그러니까 메두사 대가리는, 메커니즘, 자동 기계들, 무시무시하고 참으로 구별하기 어려우며, 궁극적으로는 어쩌면 그저 하나의 낯선 것―예술이 존속하고 있습니다.

두 번, 뤼실의 "국왕 만세"에서 그리고 렌츠의 발아래서 하늘이 심연으로 열렸을 때, 숨결돌림이 거기 있는 것 같았습니다. 어쩌면, 제가 저 먼, 그러나 점령할 수 있는 것을 향해 있으려 했을 때도요.

그건 결국 뤼실의 모습에서만 보이는 것인데요. 그리고 우리도 한 번, 사물들과 생물에 바쳐진 주목에서부터, 열리고 트인 한곳 가까이에 이르렀습니다. 그리고 마지막으로 유토피아 근처에도.

문학(文學)은, 여러분—온통 필멸성과 헛됨에 관한, 이 끝없는 이야기요!

여러분, 죄송하지만, 제가 다시 처음으로 돌아와 있기 때문에, 다시 한 번, 아주 짤막하게 그리고 똑같은 것에 대해 다른 방향에서 물어보겠습니다.

여러분, 저는 몇 년 전 작은 사행시 하나를 썼습니다—이렇습니다.

> 쐐기풀 길에서 울려오는 목소리들.
> 두 손으로 서서 우리에게로 오라.
> 등불과 더불어 홀로 있는 이는,
> 읽어 낼 손이 있을 뿐.

그리고 한 해 전, 엥가딘에서의 어긋난 만남을 기억하며, 저는 짧은 이야기 하나를 적었습니다. 거기서 저는 한 사람을 '렌츠처럼' 산으로 가게 했지요.

저는 이제나저제나, 일종의 '정월 스무날'로부터, 제 나름의 '정월 스무날'로부터 글을 썼습니다.

저는…… 제 자신을 만났습니다.

그러니까, 시를 생각하면, 시와 더불어 그런 길들을 가는 걸까요? 이 길은 다만 돌아가는 길—자신에게서부터 자신에게로 가는 우회로일까요? 그러나 그건 동시에 또한, 다른 많은 길들 가운데서, 그 위에서는 언어가 목소리가 되어 울려 나오는 길들입니다, 인지하는 '너'에게로 가는 한 목소리의 길들이고, 생명체의 길들이며, 어쩌면 현존의 기획(Daseinsentwurf)이고, 자기 자신을 찾아서…… 자기 자신에게로 자신을 앞서 보내는, 일종의 귀향입니다.

여러분, 결말로 가겠습니다—제가 찍어야 했던 날카로운 악센트와 함께……「레옹세와 레나」의 결말로요.

그리고 여기, 이 문학의 마지막 두 단어에서, 저는 주의를 해야만 합니다.
저는 조심해야 합니다, 저『게오르크 뷔히너의 전작과 수고 유고에 대한 첫 비평 전집』의 발행인 카알 에밀 프란초스처럼—여기서 다시 발견한 제 고향 사람 카알 에밀 프란초스처럼 이제 '편안함'을 '오고 있는 것'으로 읽지는 않도록 조심해야겠습니다!
그리고 그렇지만, 바로「레옹세와 레나」에 이 말들을 향해 보이지 않게 미소를 짓는 인용 부호가 있습니다, 어쩌면 '거위 발'이 아니라 오히려 '토끼 귀'인 인용 부호요, 그러니까 자기 자신에 대해, 또 말들에 대해 전혀 아무런 두려움 없이 귀를 세워 기울이는 것으로 이해받았으면 하는 것 말이죠?

　여기에서부터, 그러니까 '편안함'에서부터, 그러나 또한 유토피아의 빛 속에서 저는 지금 토포스 연구를 해 봅니다.
　저는 여기로 오는 길에서 마주쳤고 또 게오르크 뷔히너에게서 만났던, 라인홀트 렌츠와 카알 에밀 프란츠스의 출신 지역을 찾고 있습니다. 저는 또한 찾습니다, 제가 다시 여기 있기 때문에요, 제가 시작했던 곳, 제 자신의 유래지인 곳도요.
　저는 그 모든 것을 매우 부정확한, 불안하기에 부정확한 손가락으로 지도 위에서 찾고 있습니다—아이들을 위한 지도 위에서요, 고백하지 않을 수 없듯이.
　이 장소들 중 그 어느 곳도 찾을 수가 없습니다, 없습니다, 그러나 저는 압니다, 그런 장소들이, 특히 지금, 틀림없이 있으리라고, 그리고…… 저는 무언가를 찾아냅니다!

　여러분, 저는 무언가를 찾아냅니다, 그것이 제가 여러분들이 계신 데서 이 불가능한 길을, 이 불가능한 것의 길을 간 것에 대한 약간의 위로가 되는군요.
　저는 찾아냅니다, 연결해 주는 것, 시처럼 만남으로 이끄는 것을요.
　저는 무언가를 찾아냅니다—언어처럼—비물질적인, 그러나 현세의 것이고, 토질을 지닌 것, 무언가 원(圓)의 모습을 띠고, 두 극(極)을 넘어서 그 자체 안으로 되돌아오는 것, 그러면서—명랑하게 — 심지어 열대(熱帶)도 가로지르는 것 — 저는 찾아냅니다……. 한 바퀴 돌아서 다시 이어지는 자오선 하나를요.

여러분들과 게오르크 뷔히너와 헤센 주와 더불어 저는 방금 그 자오선권을 다시 만져 보았다고 생각합니다.

(1960)

225쪽 게오르크 뷔히너 상 : 독일의 가장 권위 있는 문학상으로, 극작가 게오르크 뷔히너(1813~1837)를 기리기 위해 제정되었다. 더듬거리는 어투로 이루어져 있지만, 여기서 전개되는 예술과 문학의 본질에 대한 논의는 순수문학(절대시)의 참여론, 치열한 대화의 시학에 대한 것이다. 뷔히너 상 수상 연설인 만큼 뷔히너의 작품들에 대한 이야기를 시작으로 논의를 전개하고 있다. 뷔히너는 선구적인 참여 의식을 지닌 작가로, 젊은 나이에 죽었다. 첼란은 이 수상 연설에서 뷔히너의 대표작「당통의 죽음」,「보이체크」,「레옹세와 레나」를 언급했다.
225쪽 약강격 5운각 : Blankvers. 연극에서 자주 사용되는 운율 형식이다.
225쪽 피그말리온 : 그리그 신화에서 피그말리온은 심혈을 기울여 만든 인물상 갈라테아와 사랑에 빠진다. 감동한 신들이 갈라테아에게 생명을 주어 둘은 결혼까지 하게 되지만, 그들 사이에 자식은 허락되지 않는다.
226쪽 바지저고리 : 원숭이가 입은 바지저고리를 가리킨다.
226쪽 예술 : Kunst. 예술, 기술이라는 뜻이 동시에 있음.
226쪽 발레리오 :「레옹세와 레나」에 등장하는 인물.
227쪽 해가 바뀌어도 매해 여러분들에게 오지요 : 뷔히너 상은 매년 시상되고 있다.
227쪽 뤼실 :「당통의 죽음」에서 당통의 연인으로 등장하는 인물.
227쪽 마차 : 수인들을 실은 마차.
229쪽 표트르 크로포트킨과 구스타프 란다우어 : 표트르 크로포트킨(1842~1921)은 러시아 출신의 아나키스트로 연방적 아나키즘의 대표자다. 유대계 독일인 구스타프 란다우어(1870~1913)는 크로포트킨의 영향을 받아 급진적이지만 비교조적인 사회주의를 표방한 정치가이자 언론가였다.
230쪽 라인홀트 렌츠 :「렌츠」의 모델인 질풍노도시대의 독일 작가(1751~1792).

230쪽 엘라르지세 라르 : Élargissez l'Art. 프랑스어로 '예술을 넓혀라.' 라는 뜻.

230쪽 게르하르트 하웁트만 : 대표적인 자연주의 작가로, 뷔히너보다 후대의 인물(1862~1946).

233쪽 말라르메 : 프랑스 상징주의를 대표하는 시인(1842~1898)으로, 순수시의 절정을 이루었다.

234쪽 라 포에지, 엘 로시, 브륄레 노 에타페 : La poésie, elle aussi, brûle no étapes. 프랑스어로 '시, 시도 우리 발걸음에 불을 붙입니다.' 라는 뜻.

236쪽 느 누 르프로셰 파 르 망크 드 클라르테 퓌스크 누 앙 페종 프로페시옹 : Ne nous reprochez pas le manque de clarté puisque nous en faisons profession! 프랑스어로 '우리 명확함의 결핍을 비난하지 맙시다, 그게 우리 전문이니까요!' 라는 뜻.

241쪽 말브랑슈 : 프랑스의 철학자이자 수도사(1638~1715).

242쪽 토포스 : 장소나 지형 연구.

244쪽 쐐기풀 길에서 (중략) 손이 있을 뿐 : 시집 『언어창살』의 서시 「목소리」 중 한 구절.

244쪽 엥가딘에서의 어긋난 만남 : 아도르노와의 만남을 말한다. 엥가딘은 니체가 머물렀던 실스마리아가 있는 곳이다. 아도르노와의 어긋난 만남 이후 첼란은 「산속의 대화」를 썼다.

245쪽 카알 에밀 프란초스 : 부코비나 출신으로 첼란과 고향이 같다(1848~1904). '편안함(das Commode)'조차 '오고 있는 것(das Kommende)'으로 읽은 실수에서 뷔히너의, 시대를 앞선 사회의식, 참여 의식, 희망에 대한 프란초스의 몰입을 읽을 수 있다.

246쪽 거위 발 : '따옴표(Gänsefüβchen)'를 글자 그대로 옮기면 '거위 발(Gänse füβchen)'이 된다.

산속의 대화

어느 저녁, 해가 졌다, 해만 진 건 아니었다, 그때 갔다, 그의 작은 집을 나와서 유대인이 갔다, 유대인과 한 유대인의 아들이, 그리고 그와 함께 그의 이름이 갔다, 그 발음할 수 없는 이름이, 갔다 그리고 왔다, 느릿느릿 따라서 왔다, 자신의 기척이 들리게 하였다, 지팡이에 의지하여 왔다, 돌을 넘어 왔다, 너 내 말 들리지, 내 말 듣고 있지, 나야, 나, 나, 네가 듣고 있는, 듣고 있다고 착각하고 있는 사람, 나 그리고 다른 사람,—그러니까 그가 갔다, 그 소리가 들렸다, 어느 저녁에 갔다, 그때 몇 가지 아래서 갔다, 구름 떼 아래서 갔다, 그림자 속에서 갔다, 자신의 그림자 또 남의 그림자 속에서—왜냐하면 유대인이, 너 알지, 그가 이미 가진 그림자, 혹 빌린 것이 아니라, 가져갔다가 돌려주지 않았기 때문에 정말로 그의 것이기도 한 그림자, 그것을—그때 그러니까 그가 갔다 그리고 왔다, 그 길로, 아름다운 길, 비할 바 없는 길로 왔다, 갔다, 렌즈처럼,

산을 지나, 그가, 저 낮은 곳, 그가 소속된 곳, 늪지에 살게 했던 사람인 그, 유대인이, 왔다 그리고 왔다.

왔다, 그래, 길로, 아름다운 길로 왔다.

그런데 누가 그를 마주하여 왔다고 생각해? 그를 마주하여 그의 사촌이 왔다, 그의 사촌이자 형제, 유대인 일생의 4분의 1만큼 더 나이 먹은, 그가, 커다랗게 왔다, 왔다, 그도, 그림자 속에서, 빌린 그림자 속에서,—왜냐하면 어떤 사람이, 나는 그렇게 묻고 또 물어, 신이 그를 유대인이게 했는데, 제 그림자를 드리우며 오겠어—왔어, 왔어, 커다랗게, 왔어 다른 사람을 마주하여, '큰 사람'이 '작은 사람'을 향해 왔어, 그리고 '작은 사람', 유대인은 그의 지팡이에게 '큰 사람' 유대인의 지팡이 앞에서는 침묵하라고 명했어.

그렇게 돌도 침묵했어, 그래서 그들이, 그와 다른 사람이, 갔던 산속은 고요했지.

그러니까 고요했어, 거기 높은 곳 산속은 고요했어. 오래 고요하진 않았어, 왜냐하면 유대인이 와서 또 하나의 유대인을 만났기 때문이지, 그래서 곧 침묵이 지나가 버렸지, 산속에서도. 유대인과 자연, 그건 제각각이기 때문이지, 아직도 여전히, 오늘날, 여기서도.

그러니까 그들이 저기 서 있다, 형제자매들이, 왼쪽에는 산나리꽃이 피어 있어, 무성하게, 그 어디에서도 아니듯 그렇게 피어 있어, 그리고 오른쪽, 거긴 라푼첼이 있어, 그리고 디안투스 스페르부스, 화사한 패랭이꽃이 멀리 떨어지지 않은 곳에 있어. 그러나 그들, 형제자매들, 그들은, 통탄스럽게도, 눈이 없어. 좀 더 정확하게는, 그들, 그들도 눈이 있어, 그러나 눈앞에 너울이 드리워져 있어,

눈앞이 아니야, 아니지, 눈 뒤에, 흔들리는 너울 하나가. 하나의 물상은 들어가자마자 직조에 걸려 버려, 그러면 벌써 실 가닥 하나가, 실이 자아지는 곳에서, 물상 하나를 에워싸고 자아지고 있어, 한 가닥 너울 외올실, 심상을 둘러싸고 스스로 실을 자아, 그것과 함께 아이를 하나 낳아, 절반은 심상이고 절반은 너울인 아이를.

가엾은 산나리 꽃, 가엾은 라푼첼! 거기 그들이, 형제자매들이 서 있어, 어느 길 위에 서 있어, 산속에서, 지팡이가 침묵하지, 돌이 침묵하지, 그런데 그 침묵은 침묵이 아니야, 어떤 말도, 어떤 문장도 거기서는 상실되지 않았어, 그저 쉬는 틈일 뿐, 말 틈일 뿐, 여백일 뿐이지, 너는 보고 있어, 모든 음절들이 둘러서 있는 것을. 그것들은 혀이고 입이야, 이 둘이, 예전처럼 그리고 눈 속에서처럼 그들에게는 너울이 드리워져 있어, 너희, 너희 가엾은 것들, 너희는 서 있지 않아, 꽃 피지 않아, 너희는 존재하지 않아, 그리고 7월은 7월이 아니야.

수다스러운 사람들! 지금도, 혀는 감각 없이 이에 부딪히고, 입술은 오므려지지도 않는 지금에도 뭔가 할 말이 있다니! 좋다, 그들을 말하게 두어라……

"너는 멀리서 왔다, 이리로 왔다……"

"나야. 나도 너처럼 왔어."

"알아."

"알지, 넌. 알고, 보고 있다. 여기 높은 곳에서는 땅이 접혀, 한 번 그리고 두 번 또 세 번 접히지, 그러고는 가운데서 벌어져, 그러면 한가운데 물이 있지, 그 물은 초록빛이야, 그 초록빛은 하얗고, 그

하얀빛은 더 먼 높은 곳으로부터 오지, 만년설로부터 오지, 어쩌면 말할 수도 있을 텐데, 말하면 안 돼, 여기서 유효한 건 언어(言語)지, 그 안에 하얀빛을 지닌 초록빛 언어, 너를 위한 것도 나를 위한 것도 아닌 하나의 언어——왜냐하면, 묻겠는데, 대체 누구를 위해 생각된 거지, 널 위해서는 아니야, 땅아, 라고 내가 말하지, 그건 생각되었어, 그런데 나를 위한 건 아니야,——그런데 '나'도 '너'도 없는 하나의 언어, 온통 '그'뿐인 언어, 온통 '그것'뿐인 언어, 이해하겠어, 온통 '그들'뿐인 언어, 그리고 그 밖에는 아무것도 아니야."

"이해해, 이해하지. 나는 멀리서 왔어, 나도 너처럼 왔어."

"알아."

"알아, 너는. 그러면서 나한테 물으려 하지 않지. 그럼에도 불구하고 네가 왔지, 그럼에도 불구하고, 여기로 왔지——왜 또 뭣하러?"

"왜 또 뭣하러…… 어쩌면 내가 말해야 하기 때문이지, 나에게 아니면 너에게, 입으로 또 혀로, 지팡이만으로는 아니고. 그도 그럴 것이, 그가 누구에게 말하겠어, 지팡이가 말이야? 지팡이는 돌에게 말하지, 그러면 돌은——돌은 누구에게 말하지?"

"누구에게, 형제자매여, 돌이 말해야 하느냐고? 돌은 누구에게 말을 하는 게 아니야, 그냥 말할 뿐이지, 그냥 말할 뿐인 사람, 형제자매여, 그런 사람은 누구에게도 말하지 않아, 아무도 듣지 않기 때문에, 아무도, '그 누구'도 듣지 않기 때문에 그냥 말하는 거지, 그리고 그다음에 그가 말하지, 그의 입이 아니고, 그의 혀가 아니고, 그가, 오직 그가 말하지. 너 듣고 있어?"

"'너 듣고 있어?'라고 해——난 알아, 형제자매여, 나는 알아……. 듣고 있어, 라고 하지, 내가 여기 있는데. 내가 있다고, 내가 여기 있다, 내가 왔다. 지팡이를 짚고 왔다, 그리고 다른 누구도 아니고 나, 그가 아니고 나, 나의 시간을, 과분한 시간을 지닌 나, 만나졌던 자인 내가, 만나지지 않았던 자인 나, 기억을 지닌 나, 기억력 희미한 자, 나, 나, 나, 나……."

"그가 말한다, 그가 말한다……. 너 듣고 있지, 그가 말한다……. 그리고 '너듣고있지', 확실히, '너듣고있지', 그는 아무 말도 하지 않는다, 그는 대답하지 않는다, 그도 그럴 것이 '너듣고있지', 그는 만년설과 함께 있는 이, 세 번, 접혀진, 그리고 인간을 위해서가 아닌……. 이, 저기 '초록빛 또 하얀빛의 사람', 산나리 꽃을 가지고 있는 이, 라푼첼을 가지고 있는 이……. 그러나 나, 형제자매여, 나, 서 있는 나, 여기 이 길에, 내가 소속되지 않은 길에, 오늘, 지금, 그것이 져 버렸기 때문에, 그것이 그리고 그 빛이, 여기 그림자를 드리운 나, 자신의 그림자와 낯선 그림자를 드리운 나, 나—나, 너에게 이렇게 말할 수 있는 나.

—돌 위에 나는 뉘어 있어, 그때, 너 알지, 석판 위에, 그리고 내 곁, 거기 그들이 뉘어 있었어, 나 같았던, 다른 사람들이, 나와 달랐던 사람들이 똑같이, 형제자매들이, 그리고 그들이 거기 누워 있었어, 자고 있었어, 자고 있었어, 또 자고 있지 않았어, 그들은 꿈을 꾸었어, 또 꿈을 꾸지 않았어, 그들은 나를 사랑하지 않았고 나는 그들을 사랑하지 않았어, 내가 그저 한 사람이었기 때문이지, 그런데 누가 그저 '한 사람'을 사랑하려 하겠어, 그런데 그들은 여럿이었어, 거기 내 주위에 빙 둘러 누운 사람들보다도 훨씬 많았어, 그

런데 누가 모두를 사랑할 수 있겠다고 하겠어, 그리고, 나는 너에게 침묵으로 숨기지 않겠어, 나는 나를 사랑할 수 없었던 그들을 사랑하지 않았어, 나는 촛불을 사랑했어, 거기서, 왼쪽 구석에서 타고 있는 촛불, 그걸 난 사랑했어, 그것이 타 내렸기 때문에, 그것이 타 내리지 않았기 때문에. 왜냐하면 그건, 그래 그의 촛불이었기 때문에, 그가, 우리들 어머니들의 아버지가, 켰던 촛불이기에, 그 저녁에 어떤 날이 시작되었기 때문에, 특정한 어떤 날, 일곱 번째였던 날, 그 뒤를 첫날이 따랐던 일곱 번째 날, 일곱 번이며 마지막이 아닌 날, 나는 사랑했어, 형제자매여, 촛불이 아니라, 나는 그 '흘러내리는 불타오름'을 사랑했어, 그리고, 알지, 나는 그때부터는 더 이상 아무것도 사랑하지 않았어.

   아무것도, 아니야, 혹은 어쩌면 저 날, 일곱 번째이며 마지막은 아닌 날에 저 촛불처럼 흘러내리며 타고 있는 것을. 마지막은 아닌 날에, 그래, 그도 그럴 것이, 내가 있거든, 여기에, 이 길 위에, 아름답다고 그들이 말하는 길 위에, 내가 있거든, 산나리 꽃 곁에 또 라푼첼 곁에, 그리고 백 걸음 떨어져, 네 건너편, 내가 가는 곳, 거기 종달새가 잣나무 위로 솟아오르거든, 내가 그걸 보고 있어, 그걸 보고 있어, 그걸 보고 있지 않아, 그리고 내 지팡이, 지팡이가 돌에게 말했어, 그리고 내 지팡이, 지팡이가 지금 잠잠히 침묵하고 있어, 그리고 돌, 너는 말하지, 돌이 말할 수 있다고, 그리고 내 눈 안에, 거기 너울이 드리워져 있어, 흔들리는 너울이, 거기 너울들이 드리워져 있어, 흔들리는 너울들이, 거기서 너는 너울 하나를 들췄어, 그러면 거기 벌써 두 번째 너울이 드리워져 있어, 그리고 별이

―왜냐하면, 그래, 그 별이 지금 산 너머에 떠 있기에,―별이 들어가려 하면, 별은 결혼을 해야 할 것이고 그러면 곧 더는 별이 아니라, 절반 너울 그리고 절반 별이지, 그리고 나는 알아, 알아, 형제자매여, 나는 알아, 나는 너를 만났어, 여기서, 그리고 우린 이야기를 했어, 많이, 그리고 저기 주름들은, 너 알지, 인간을 위해 저기 있는 게 아니야, 우리를 위해 있는 게 아니야, 여기에 왔고 서로 만난 우리, 우리 여기 별 아래서, 우리, 여기 온, 렌츠처럼, 산을 지나온 유대인들, 너 '큰 사람' 그리고 나 '작은 사람', 너, 수다스러운 사람, 그리고 나, 수다스러운 사람, 지팡이들을 가진 우리, 우리 이름을, 발음할 수 없는 이름을 가진 우리, 우리의 그림자를, 자신의 그림자를 또 낯선 남의 그림자를 가진 우리, 여기 너 또 여기 나―

―여기 나, 나, 나, 너에게 이 모든 말을 할 수 있는, 할 수도 있었을 나, 왼쪽에 산나리 꽃이 있는 나, 라푼첼이 있는 나, 흘러내리며 타는 것, 촛불을 가진 나, 날을 가진 나, 날들을 가진 나, 여기 나 또 저기 나, 나, 어쩌면―지금!―사랑받지 못한 사람들의 사랑이 함께해 준 나, 여기, 높은 곳, 나에게로 오는 길 위의 나."

(1959)

249~255쪽 산속의 대화 : 만년설과 초록빛 호수가 있는 고산(孤山)의 풍광이 절대 언어를 찾아가는 모색의 도정으로 그려져 있다. 궁극적으로 자아를 향해 가는 길이기도 한 어려운 탐색의 여정이 더듬거리는 언어에 반영되어 있다. "정월 스무날 산으로 갔다."로 시작되는 뷔히너의 작품 「렌츠」가 어른거리는 작품이다.

252쪽 라푼첼 : Rapunzel. 들상추라는 뜻의 이 단어는 그림 동화 「라푼첼」의 라푼첼을 상기시킨다.

파울 첼란과 그의 시 세계

작가 소개

파울 첼란에 대하여

"아우슈비츠 이후 서정시를 쓰는 것은 야만적이다."라는 아도르노의 말처럼 1945년 이후 독일 시인들의 뇌리에 선명하게 각인된 구절도 흔치 않을 것이다. 나치 시대를 지난 독일 지식인들의 참담한 자의식이 밴 이 말은 이제 쉽사리 글을, 더구나 소박하거나 감상적인 미문을 쓸 수는 없게 된 문학의 상황을 집약한다. 예리한 진단인 동시에 깨어 있는 의식을 촉발하는 도화선 같은 말마디였고, 실제로 문인들에게는 변명이자 합리화의 수단이 되었지만, 또한 족쇄로 작용하기도 했다. 그러나 이 구절의 수정 또한 유명하다. "아우슈비츠 이후 서정시는 불가능하다. 아우슈비츠를 바탕으로 한 것이 아니라면." 첼란의 시를 두고 해석학자 스촌디가 한 말이다. 첼란 자신은 이렇게 말한다.

어쩌면 말해도 되겠지요. 한 편 한 편의 시에는 그것의 '정월 스무날'이 적혀 있다고. 어쩌면 오늘날 쓰이는 시들에서 새로운 점은 바로 이것 아닐까요. 여기서 가장 뚜렷하게, 그런 날짜들을 기억하고 있으며, 기억하려 한다는 것요?

그러나 우리는 모두가 그런 날짜로부터 쓰고 있지 않습니까?
—뷔히너 상 수상 연설 「자오선」 중에서

'정월 스무날'이란 뷔히너의 작품 「렌츠」의 첫 구절인데, 이 작품은 주인공 렌츠의 정신병 발병 기록이다. 뷔히너 상 수상 연설이므로 표면적으로 뷔히너와 연관시킨 것이다. 그러나 사실 첼란이 말하는 '정월 스무날'은 소위 유대인 문제 '최종 해결의 날(1942. 1. 20.)'이다. 유대인을 무차별 학살하기로 한 결정이 최종적으로 내려졌던 날이다. 첼란이 남긴 시들에는 모두 이 화인(火印)이 찍혀 있다. 그의 문학 자체가 이 쓰라림의 '기억'이다. 살아남은 자의 죄의식과 회한이 배어 있다. 그러나 자료는 아니다. 역사는 단어 하나하나에 배어 있지만 결코 드러나지는 않는다. 깊고 오랜 내면화(Er-innerung)의 침전을 거친 기억(Erinnerung), 정화(淨化)된 고통의 깊이를 보여 주는 문학이다.

1945년 이후 활동한 독일 시인들 중 가장 큰 주목을 받은 첼란은 모국어가 독일어일 뿐, 한 번도 독일에서 산 적이 없다. 그가 독일을 처음 지나쳐 본 것은 바로 모든 유대교 사원과 가게 들이 일시에 파괴당한 유대인 습격의 밤, 소위 '수정의 밤(1938. 11. 9.)'이 지난 아침이었으며, 후년에 낭독회 때문에 몇 차례 잠깐 다녀갔을 뿐이다. 첼란의 고향 체르노비츠가 있는 부코비나('너도밤나무가 많은 곳'이란 뜻) 지방은 현재 루마니아 북부 소련 접경 지역으로, 옛 합스부르크 왕가의 변방이었던 이곳에서는 독일어가 쓰였다. 유대인들이 많이 살고, 특히 신비적인 유대 사상 하시딤의 전통이 깃든 이 유서 깊은 동구 지역은 첼란의 청년기에 근세사의 격동에 혹독하게 휘말린 곳이다.(1940년 나치의 프랑스 진군과 발맞춘 소련의 부코비나 침공, 1941년 독일 루마니아 연합군의 재점령, 나치 친위대의 진군, 소련군 협력자 살해, 유대인 소탕, 1944년 소련군의 재진군, 독일 및 루마니아 협력자 소탕 등등의 사건이 있었고, 이로 인하여 북부 부코비나에서만도 유대인 10만여 명 중 8분의 7이 죽었다.) 첼란의 부모는 수용소에서 죽었고 첼란 자신은 그저 우연히 가스실 행을 모면하였다. 첼란은 복잡한 배경으로 인해 여러 언어를 구사할 수 있었는데, 독일어는 모국어였고 히브리어는 집에서 배웠으며 루마니아어는 열 살부터 다닌 김나지움에서는 배웠다. 프랑스 투르 대학 의예과를 다닐 때는 프랑스인으로 오해받을 만큼 프랑스어를 잘했고, 소련군이 고향을 침공하여 배울 수밖에 없었던 러시아어는 『전쟁과 평화』를 원서로 읽을 정도의 실력이었다고 한다. 2차 세계대전 발발로 의학 공부를 중단한 첼란은 고향에서 잠시 대학을 다닐 수 있었던 시절에는 불문학을, 나중에 부쿠레슈티에서는 셰익스피어의 소네트에 심취하여 영문학을 전공하였다. 1948년부터 파리에 정착하여 번역으로 생계를 이었는데, 발레리, 보들레르, 말라르메, 미쇼, 웅가레티, 만델슈탐, 예프투셴코 등의 작품을 번역했으며, 특히 셰익스피어의 소네트 번역은 명역으로 유명하다. 1958년부터는 명문 파리고등사범학교에서 독일어 교사로 재직하였으며 우울증에 시달리다 1970년 센 강에 투신하였다.

대체로 장르 구분 없이 여러 종류의 글을 쓰는 독일의 다른 문인들과는 달리 첼란은 거의 시집만 남겼다. 산문으로는 수상 연설문 두 편, 짧은 산문 한 편만 알려져 있다. 『양귀비와 기억』(1952), 『문턱에서 문턱으로』(1955), 『언어창살』(1959), 『그 누구도 아닌 이의 장미』(1963), 『숨결돌림』(1967), 『실낱태양들』(1968), 『빛의 강박』(1970). (500부 한정판으로 냈다가 오자가 많아 시인이 회수한 초기 시집 『유골 항아리들에서 나온 모래』(1948)에 담겼던 중요한 시들은 『양귀비와 기억』에 재수록되었다.) 그리고 그가 죽은 후 두 권의 유고 시집 『눈〔雪〕파트』(1971), 『시간의 뜨락』(1976)이 발간되었다.

'양귀비'로 표현되는 망각과 기억이 교차하는 첫 시집 『양귀비와 기억』은 시집 제목처럼 은유성이 짙은 언어와 초현실주의적인 이미지들로, 다음 시집 『문턱에서 문턱으로』는 모색의 어둠으로 채워져 있다. 『언어창살』에서는 소통과 차단이 동시에 일어나는 언어처럼 굳어 버린 세계가 '굳어진' 목소리로 그려지고 있으며, 『그 누구도 아닌 이의 장미』에서는 '그 누구도 아닌 이'라는 이름으로 어렴풋한 신(神)의 존재가 다시 찾아진다. 시들이 몹시 짧아지는 후기 시집 『숨결돌림』에서 압축되기 시작하는 시어는 『실낱태양들』, 『빛의 강박』 등에 이르면 거의 소통 불가능한 암호로 응축된다. 언어는 침묵의 경계까지 가 있다.

존재의 '경사각'에서 쓰인 글들. 그러나 실어(失語)에 다다르고 착란과 자살에 이른 치열함이 첼란의 시어에, 거기에 담긴 존재에 전례 없는 깊이와 높이를 부여하고 있다.

시론

대화의 시학
── 「자오선」 해설

　더듬거리듯, 말 한마디 한마디가 이렇게 어렵게 발언되는 글을 달리 찾아보기도 쉽지 않을 것이다. 멈추고 또 이어지는 힘겨운 호흡이 사이사이 들리는 듯하다. 글은 마치 암호문처럼, 집약된 은유들로 가득 차 있다. 그러나 이 더듬거리는 독백 같은 난해한 글 「자오선」은, 독일 최고의 문학상 게오르크 뷔히너 상 수상 연설문이자 1945년 이후의 독일 문학에서 가장 주목할 만한 시론 중 하나이다.

　첼란은 유대인으로서 2차 세계대전을 겪은 경험에서 비롯한 다급한 역사 문제를 극도로 정화된 언어에 수렴하여 더할 나위 없이 높은 문학성을 이루어 낸 시인이다. 첼란은 부코비나의 주도 체르노비츠에서 태어나 이후 파리에서 살았다. 부코비나가 옛 합스부르크 왕령이었던 탓에 독일어는 그에게 모국어이자 어려서부터 어머니와 즐겨 읽은 문학의 언어였지만, 한편 그의 혈족을 앗아간 '살인자들'의 언어이기도 했다. 그는 바로 그 언어로 시를 썼다.

모든 것을 쏟아부었던, 그러나 극도로 정제된 시들은 결국 거의 실어 상태에 이르고, 시인의 삶도 센 강 투신으로 마감되었다. 그렇게 절실하게 쓰인 만큼, 그의 시에서는 단어 하나하나가 더없이 깊다. 결코 쉽지는 않지만, 그만큼 깊이 읽힌다.

「자오선」이 난해한 또 다른 이유는 게오르크 뷔히너 상 수상 연설문이기 때문이다. 강연은 뷔히너의 작품들을 넘나든다. 뷔히너의 작품이 환한 청중을 전제로 쓴 글인 것이다. 선구적인 참여 의식을 가졌던 문인 뷔히너는 24세에 요절하였으며 남긴 문학 작품은 네 편밖에 안 된다. 「당통의 죽음」은 극도로 상반된 유형의 두 혁명가, 유미적이고 개인적 성향의 당통과 철저한 원칙주의자요 숨 막히는 도덕주의자인 로베스피에르의 갈등과 결국 당통이 처형되기에 이르는 과정을 통하여 프랑스 혁명의 진면목을 보여 주는 작품이다. 「보이체크」는 사람이 완두콩만 먹고 살 수 있는가 하는 생체 실험의 도구가 될 만큼 가난한 하급 군인 보이체크가 마침내 애인 마리를 살해하게 되는 사회적 갈등을 다룬, 시대적으로 매우 앞선 사회극이자 환경극이다. 「레옹세와 레나」는 우화 형식의 극작품으로 탑 위에서 변경이 보일 만큼 작은 공국의 왕자 레옹세가 정략 결혼을 피해 도망쳐 다니다 바로 그 정략 결혼의 대상이었던 레나를 만나 사랑에 빠진다는, "시계가 폐지되는" 곳에서 벌어지는 동화적인 작품이다. 두 사람은 궁중에서 시종에 의해 '자동 장치'로 소개된다. 「렌츠」는 광인이 되어 러시아 노상에서 비참한 최후를 맞은 역사적 인물인, 질풍노도시대의 작가 야코프 미하엘 라인홀트 렌츠를 모델로 정신병 발병의 과정과 심리를 치밀하게 그려 낸 미완성 중편소설이다.

한편 이 강연에서 첼란은 시에다 찍을 수밖에 없는 현실의 악센트를 이야기한다. 예술과 현실의 거리를 이야기한다. 실내에서 이루어지는 '담소의 대상'으로의 예술이 아니라 혁명의 광장의 단두대 앞에서 역사의 어처구니없는 부조리 앞에서 터져 나오는, 무력한 개인(예술을 이해 못하는 뤼실)에게서 터져 나오는 어처구니없는 외침("국왕 만세")에서 오히려 시의 '분출'을 본다. 아름다운 모습을 아름답게 잡아 두기 위해, 보는 것을 모두 돌로 굳힌다는 '메두사 대가리'라도 되고 싶은 관념주의(Idealismus) 예술을 경계한다. 그것은 현실을, 삶을 떠나 있기 때문이다. 유대인으로서 겪은 참혹한 역사적 체험에도 불구하고 현실의 흔적이 결코 일견에 보이지 않는 높은 문학성을 갖춘 시어로 작품을 쓴 시인의 발언인지라, 각별하게 주목된다.

첼란은 시어 하나하나에 '정월 스무날'이 찍혀 있다고 말한다. 앞서 이야기했듯 정월 스무날은 광증의 발병을 세밀하게 묘사한 작품 「렌츠」에서 렌츠가 산으로 들어간 날이다. 그러나 또한 나치 독일에서 소위 유대인 문제의 '최종 해결안'이 이루어진 날짜이기도 하다. 그 최종 해결안은 무차별 학살이었다. 역사적 사실은 전혀 언급하지 않고 뷔히너의 「렌츠」만 거론하는 첼란의 함구는, 그러나 잘 알려져 있고 스스로에게도 깊이 남아 있는 역사의 '상흔'에 더 무게를 싣는다.

어둠이 담긴 문학은 예술의 속성이 있으며 그 현실화의 위험을 공유하면서도 '예술'을 넓힌다. 시는 타자와의 마주 섬의 긴장 속에 있다고, 그러나 타자를 향해 가는 '도중'에 있다고 말한다. 고독한 시는 그렇게 '만남의 비밀'을 지니고 있다. 시는 다시금 '유토피아의 빛 속'에 있고, 즉 보다 나은 세상의 꿈을 담고 있고, 그러므로 한 편 한 편의 시와 시인과의 어려운 만남은 지구 땅덩이를 한 바퀴 돌아 아우르는 '자오선'처럼 세계를 잇는다.—더듬거림으로 가득 찬 이 글이, 그 더듬거림을 지나, 치열하고 아름다운 '대화의 시학'이 된다.

이는 1945년 이후의 젊은 독일 시인들에게 큰 영향을 준 고트프리트 벤의 마부르크 대학 강연문 「서정시의 문제들」(1951)이 표방한 '독백의 시학'과 대척점을 이루기도 한다.

자신의 시는 거의 실어에 이르고, 또 스스로의 삶은 센 강 투신으로 마감할 수밖에 없었던 시인 첼란이 시도했던, 한 치열하고 아름다운 대화가, 먼 땅에 있는 독자들에게도 가 닿을 수 있기를 감히 바라 본다. 자오선처럼.

대표 시 해설

아우슈비츠 이후의 시
—「죽음의 푸가」해설

파울 첼란의 작품에 궤적을 남긴 고통의 진원으로 지목할 수 있는 '아우슈비츠'는 그렇다면 작품에서 어떻게 형상화되고 있는가. 그 자체의 가장 구체적인 모습을 시 「죽음의 푸가」를 통하여 살펴보고자 한다. 이 시는 "아우슈비츠 이후 서정시를 쓰는 것은 야만적"이라는 아도르노의 단언을 반증한 시이며 전후 독일 시단에서 첼란을 유명하게 만든 시이다. 그러나 그 유명도에 비해 상세한 해설이나 구체적 언급은 별로 없는 편이어서 이 시가 많이 다루어지는 영미권의 평단과 대조적이다.

이 시가 독자에게 주는 첫 인상은 대단히 껄끄럽다. 제목부터가 '죽음의 푸가'라니 죽음을 푸가라는 음악 형식을 빌려 유희적으로 표현해 보겠다는 의도인 모양인데 죽음이 어디 미학적 유희의 대상일 수가 있단 말인가 하는 꺼림칙한 느낌을 떨칠 수가 없다. 시의 외양 역시 매우 작위적이다. 구두점 하나 없이 몇 가지 안 되는 서술 내용이 반복되어 언어 유희라는 인상을 강하게 풍긴다. 그 유명한 시가 이런 식으로 유대인 문제를 청산하려 했단 말인가 하는 얕은 의구심마저 생긴다. 바로 이러한 껄끄러움과 소재의 정면성이 시의 유명도에 비추어 독일어권에서는 정작 구체적으로 다루어지는 일이 그다지 많지 않은 한 이유가 되었을 것이다. 독일의 연구서들이 대개 해설은 필요 없는 쉬운 시라는 식으로 직접적인 언급을 피하고 넘어가는데, 보다 깊은 이유야 물론 다른 데 있을 것이다. 그러나 결론을 미리 말하자면 이 시는 윤무(輪舞)의 무도곡을 언어로 재현한 그 음악성을 이해해야 다 파악이 되는 시이다. 읽더라도 눈으로만 읽어서는 부족하고 소리를 내어 읽거나 읽는 것을 들어야 할 성질의 시이다. 그리고 내용이나 소재 면에서 받는 부정적인 느낌은 픽션이라고 하여도 지나친 사실이 다루어졌다는 데서 비롯된 것이다.

푸가란 여러 개의 성부가 있어 그 하나가 울린 주제를 다른 성부가 화답하며 변주하는 식으로 구성되는 음악 형식이다. 이 시는 제목 그대로 음악의 푸가 형식에 상응하는 구조로 이루어져 있다. 전체는 "새벽의 검은 우유"로 시작하는 네 파트(1, 2, 4, 6연)와 "그가 외친다"로 시작하는 두 파트(3, 5연) 도합 여섯 파트로 이루어져 있으며 더 크게 보면 '우리'가 말하는 음성과 '그'에 대하여 기술하는 음성으로 나눌 수 있고 좀 더 자세히 보면 다시 약간씩 음색이 다른 여섯 개의 목소리가 대위법적 구성을 보이며 긴밀하게 조합되어 있다. 그 첫째 연을 표본적으로 좀 더 자세히 살펴보면, 처음의 "새벽의 검은 우유"는 제1주제에 해당하는 강한 제시부로 그것이 주어지면 이어 약간의 거리를 두고 "우리는 마신다 저녁에"라는 집단적인 응답이 나오고 이어 "우리는 마신다"는 사실이 합창처럼 되풀이된다. 4행에서 이 합창은 또 하나의 조금 다른 주제를 제시하는데 "우리는 공중에 무덤을 판다"이다. 그러면 다시 약간의 거리를 두고 같은 행 안에서 "거기(공중에)서는 비좁지 않게 눕는다"라는 대구가 이어진다. 5행은 제2주제인 '그'에 대한 기술이다. "한 남자가 집 안에 살고 있다"라는 단순한 서술이 제시되면 그에 대한 묘사가 나머지 반행과 그다음 행을 채우고 그 말미에 아무런 연결 없이 "너의 금빛 머리카락 마르가레테"라는 제3의 목소리가 삽입되고 7~9행에서는 다시 제2주제 제시자의 음성으로 그 남자에 대한 서술이 이어진다. 이 첫째 연의 아홉 행이, 말하자면 음악 형식 푸가의 발단부에 해당한다. 나머지 시 전체가 거의 비슷한 대위법적 구조와 반복으로 진행되는데 리듬이 강약약의 리드미컬한 율격을 바탕으로 하고 있어 읽다가 보면 자기도 모르는 사이에 속도가 빨라지게 되고 마지막 절에 이르면 한 파트 안에 여러 개의 목소리가 촘촘히 연이어 나옴으로써 낭독하는 목소리도 다급해져 속도가 최고조에 달하게 된다.

거듭 반복되는 가운데 간간이 섞여 있는 어렴풋한 줄거리를 간추려 보면 시의 내용은 대략 죽음을 당한 '우리'와 우리를 죽게 한 '그'에 대한 기술이다. '우리'가 하는 말은 마신다는 단순한 사실의 반복뿐이고 '그'에 관해서는 약간의 묘사가 이어진다. 시의 서두는 도발적이리만큼 이목을 끄는 강한 당착어법 "검은 우유"로 시작된다. 이는 서두뿐만 아니라 시 전체에서 네 번이나 제시부로 주어져 있다. 우유란 본디 희고 맑고 신선한 자양이지만 여기서는 검다 하니 영양분이기보다는 오히려 해롭고 불길한 음료이다. 숨어도 없이 이 음료를 제시하는 것만으로 시에서는 집단의 외침을 불러일으킨다. '우리는 마신다'가 무려 스무 번이나 반복된다. '우리'라고 말하는 많은 사람들이 아침에도 점심에도 저녁에도 때 없이 마신다는 이 검은 우유는, 곧바로 말한다면, 죽음의 은유 이외의 다른 것일 수 없다. 그것이 아침이 아니라 새벽 이른 때의 것으로 쓰인 것은 그 죽음이 때 이른 것, 혹은 의식에도 없었던 느닷없는 것임을 보충하며 검은 우유와 이른 새벽의 어둠을 연결시킨다. '우리는 마신다'의 수많은 반복은 다수가 그 죽음을 당했기 때문에 또한 무수히 반복되었음을 설명 없이도, 어쩌면 설명 이상으로 나타낸다. 바이마르는 이 반복을 매우 적절하게 "통곡의 합창"으로 표현하여 평가하기도 있다.

 '우리는 마신다'라는 단순 문장의 반복은 주문 같은 효과마저 낸다. 언어 주술(Sprachmagie)의 한 좋은 예로서 듣는 사람의 마음속에 서술 이상으로 많은 연상을 불러일으킨다. 예컨대 검은 음료는 예레미아의 진노의 잔이나 감람산에서 고뇌하는 그리스도가 할 수만 있다면 피하고자 했던 쓴잔, 즉 죽음을 떠올리게 한다. 그리고 반복되는 '우리'는 읽는 사람으로 하여금 자신을 시 안의 집단의 일원으로 동일시하게 만든다. 그런데 이 합창하는 '우리'에 대한 동사는 이 긴 시 전체를 통틀어 '마신다(trinken)'와 '판다(schaufeln)'뿐이다. 죽음을 당하는 이들의 수동성이 역력하다. 주어지는 검은 우유를 마시고 명령에 따라 무덤을 파는 것이 이 집단이 할 수 있는 유일한 행위이다.

반면 '그'를 기술하는 동사는 많기도 하거니와 뜻 자체가 '산다', '쓰다', '유희하다', '나서다', '명령하다', '외치다', '(총을) 잡다', '(총을) 휘두르다', '쏘아 맞히다'로 옮겨 가며 점점 더 세련된 행동에서 멀어진다. 이 남자에 대한 묘사의 특징은 지극히 평범한 묘사와 잔인무도한 행위의 묘사가 합쳐져 있어 섬뜩한 느낌이 더해진다는 점이다. 이 남자는 집에 살고 있으며 어두워지면 무언가를 적어 독일로 보낸다. 구두점이 전혀 없기 때문에 단정적으로 말하기는 어려우나 "그는 쓴다" 다음에 "너의 금빛 머리카락 마르가레테"가 이어지는 것으로 보아 이 사람은 다정하게 부를 수 있는 여인이 있는 평범한 남자로 보인다. 평범한 듯한 이 인물이, 그의 행동을 쫓아가다 보면, 학살 집행 보고서를 쓰는, 독일 바깥 어느 집단 수용소의 잔인한 소장의 모습이 되어 버린다. 그가 집을 나설 때 붙여진 조건절 "어두워지면"은 "새벽의" "검은" 우유와 더불어 죽음의 시각을 나타낸다. 그가 유대인들을 불러내기 위하여 집을 나서는 시각이 별이 돋을 시간이고 별은 반짝이는 것이 아니라 번개나 비수처럼 섬뜩하게 "번득인다(blitzen)." 그는 휘파람으로 그의 "사냥개(Rüden)"를, 그의 "유대인(Juden)"들을 불러낸다. 사냥개와 유대인의 운이 맞아 있어 둘의 연관성이 강조되어 있으되 순서로 보면 유대인들이 사냥개보다 서열이 낮다. 사냥개처럼 불려 나온 유대인들 일부는 "땅에" 무덤을 파야 하고 일부는 무도곡을 치라는 명령을 받는다. 점층적으로 거듭되는 그의 명령들은 2~3연에서 더욱 거칠어진다. 그 가운데 눈에 띄는 것은 15~16행에 걸쳐 있는 "너의 금빛 머리카락 마르가레테/ 너의 재가 된 머리카락 줄라미트"이다. 마르가레테는 전형적인 독일 여인 이름으로 그 애칭이 그레트헨이다. 『파우스트』에 등장하는 청순함의 전형이다. 줄라미트는 전형적인 유대 여인 이름으로 솔로몬의 아가(雅歌)에서 자주 불리워지는 이름이다. 그런데 마르가레테는 독일로 글을 써 보내는 '그'와 같은 행에 들어 있고 줄라미트의, 회색도 아니고 재색인 머리카락은 '우리'가 공중에 파는 무덤과 한 행에 들어 있다. 줄라미트가 우선 공간적으로 죽음과 좀 더 가까이 있다.

    명령으로 시작되는 4연에서는 '그'에 대한 기술이 더욱 구체적이고 더욱 거칠어진다. 내려진 명령은 더 깊이 땅을 파라는 것과 연주를 하라는 것이다. "공중에 무덤을 판다"는 1연과는 정반대 방향으로의 삽질이 현실성을 띤다. 권총을 휘두르는 위협적인 행동에 바로 "그의 눈은 파랗다"가 이어져 있어 그 대비가 잔인함을 더 두드러지게 하고 있다. 다음 5연에서는 똑같은 방식으로 '더 달콤하게 연주하라'라는 명령에 결정적이고 단호한 서술 "죽음은 독일에서 온 명인"이 이어져 있어 같은 효과의 대비가 더욱 강렬하다. 마지막 6연에서는 점차 빨라지던 템포가 절정에 이르고 내용 또한 절정을 이루고 있다. 그 남자는 마침내 유대인들을 정확하게 쏘아 맞힌다(31행). 그런데 이 결정적인 구절에서 그를 묘사하는 "그의 눈은 파랗다"(30행)의 "파랗다(blau)"와 "정확하게(genau)"가 운이 맞추어져 있다. 시 전체를 통틀어 유일하게 각운이 맞아 있어 이 부분의 대비를 독자의 귀에 각별히 남긴다. 그 뒤에 '그'를 묘사하는 마지막 동사가 엉뚱하게도 "꿈꾼다(träumen)"(36행)이어서 다시 한 번 이

질적인 대비가 두드러지는 한편 또한 멀리 시 첫머리의 어스름("새벽의 검은 우유")과 연결을 이루어 시를 수습한다. 그러고는 맥락 없이 시의 여기저기에서 나오던 금빛 머리카락의 마르가레테와 잿빛 머리의 줄라미트가 시의 끝에 마치 콜론의 두 집처럼 나란히 내세워진다. 콜론이 나왔으니 그렇게 끝날 수는 없고 그다음에 무엇인가를, 독자가 나름의 결어를 더 써넣어야 할 것 같다. 아무런 서술 없이 시의 말미에 두 인물을 나란히 세워 놓은 것은 서정적인 여운을 남기면서 또한 동시에 숙명적으로 얽히고설킨 독일과 유대 두 민족의 상(像)을 생각나게 한다.

이 작품에 대한 비판은 대체로 다른 작품에 비하여 '소화되지 않은 직접적인 은유'라는 데 모아진다. 그러나 실상은 '은유'가 아니라 사실의 문제임을 들어 옹호되어야 할 것이다. 이 시가 다루는 상황은 나치의 유대인 수용소에서 벌어진 것으로 흔히 보고되는 사건이다. 유대인들로 하여금 큰 구덩이를 파게 하고 그 앞에 꿇어앉힌 다음 목덜미를 관통시켜 총살한 것은 널리 알려진 학살 방법이고 이러한 수용소에서 연주를 해야 했던 음악인들의 체험 역시 생소한 보고가 아니다. '소화되지 않은' 은유라는 데 대해서도 긴 수식어가 없는 시의 구절 하나하나가 지닌 압축성이 주목되어야 한다. 예컨대 이 시에서 유대인들이 파야 하는 땅은 그냥 땅(Erde)이 아니라 "땅나라(Erdreich)"로 표현되어 있는데 덧붙여진 'Reich'라는 단어는 천국(Himmelsreich)과 나치의 제3제국(das dritte Reich)을 곧바로 연상시킨다. 어휘 하나 뒤에 히틀러의 제3제국이 전 국민에게 약속했던 세계 제국의 꿈과, 그 꿈의 제물이 되어 금니에 이르기까지 전 재산을 몰수당한 것은 물론 땅에다 자신의 무덤을 파야 했고 머리카락에서부터 몸의 지방질까지 빼앗긴 채 한 민족이 전멸의 위기를 맞아야 했던 인류사의 아이러니가 어른거린다. 또한 "너희는 연기가 되어 공중으로 오른다"에 대해서는 유대인 수용소 화장장의 벽에 촘촘히 박힌, 사람을 넣어 태우는 서랍을 사진으로라도 본 사람이면 왜 이런 유의 표현에 수식어가 달릴 수 없는지를 이해할 것이다. 그렇건만 은유로 받아들여 보면 표면이 서정적이기까지 하다. "우리는 공중에 무덤을 판다 거기서는 비좁지 않게 눕는다"(4행). 역시 죽음을 당하는 이들의 지상에서의 괴로움을 전달하는 초현실주의적 이미지에 그치지 않는다. '비좁다(eng)'는 한 마디 뒤에 사무친 회한이 서려 있어 첼란의 시어 한 단어 한 단어가 어떻게 쓰였는가를 짐작할 수 있다.(첼란 자신은 아주 우연히 살아남았지만 부모는 죽임을 당했는데, 그들이 처음 수용당했을 당시 열 여덟 명이 들어갈 막사 세 개에 1800명의 유대인들이 들어가 있었다.) 이와 같은 경우에는 소재를 문제 삼는다거나, 하물며 말의 유희를 운위하는 것이 어려워질 수밖에 없다.

   그러나 죽음을 당한, 그리고 살아남은 유대인이 얼마인가. 허다한 보고들은 젖혀 놓고, 이 시의 원문을 소리 내어 읽어 보았거나 첼란 자신의 낭독 음을 들어 본 사람이면, 유독 이 시의 섬뜩함을 뇌리에서 지울 수 없다. 점차 빨라지는 제의(祭儀) 같은 리듬, 그리고 소재에 적절한 수사들 덕분일 것이다. 혹자는 "전통적인 죽음의 무도 모티프가 그 어디서도 이렇듯 인상적이며 잊혀지지 않게 취급된 곳은 찾아볼 수 없다."라고까지 말한다. 실재한 '죽음'의 무도가 바로 죽음의 '무도'곡을 재생하는 언어에 담겨 있다. 이러한 점이 이 「죽음의 푸가」를 시의 역사에서 고전적인 한 자리에 서게 한 것으로 보인다. 그것은 회화에 견주어 보면 피카소의 「게르니카」와 비슷한 자리로 평가된다.

옮긴이의 말

세상에는 이렇게 어려운, 이렇게 자신을 온통 쏟아 쓴 글도 있구나. 파울 첼란의 시를 읽다 보면 저절로 드는 생각이다. 그럼에도 놓지 못하고 읽게 되고, 그렇게 읽다 보면 아낄 수밖에 없는 작품이 첼란의 시들이다.

첼란의 시를 거의 다 번역해 놓은 것은 30여년 전의 일이다.

망망대해를 떠온 유리병 편지와도 같은 글들을 우연히 주워 들었던 것이다. 그 언젠가 그 누구에게 가 닿으리라는 희미한 희망으로 밀봉하여 띄운 것 같은 글, 침묵 너머에서 쓰인 글들이었다. 첼란의 글에 담긴, 고도의 문학성에 감싸이고 감싸여 수렴된 고통을 접한 것은 내게 문학이 무엇인지, 무엇일 수 있는지 눈을 틔워 주었다. 고통의 골을 바닥없이 파 내려간 기록들은 희귀한 증언일 뿐만 아니라 문학의 정상이기도 했다. 문학의 그 너머마저 보이는 정상이었다.

결국 실어(失語)에 이르고 마는, 침묵의 경계선까지 가 있는 응축된 시들은 그 번역 시집을 내겠다는 엄두를 내지 못하게 하였다. 그저 몹시 낯선 작품을 우선 내가 이해하고, 다른 사람들에게도 조금 전했으면 하는 생각에서, 가능한 작품을 많이 넣고 사이사이 설명을 조금씩 넣어 1986년에 『어두운 시대와 고통의 언어: 파울 첼란의 시』라는 책을 썼다. 그 조그만 책을 다 쓰고 나서 다시는 첼란을 펼치지 못했다. 시인과 더불어 센 강으로 들어가 잠겨 버린 느낌이었던 것이다.

그 또한 퍽 오래전 이야기이다. 그사이 그 책을 읽은 몇 사람을 만났고, 그들 모두 내게 소중한 사람이 되었다. 그래서 언젠가 용기를 내어 첼란의 작품을 좀 더 많이 추려서 번역 시집 한 권을 만들어 볼 생각을 했고, 이제 책이 나오게 되었다. 그사이 국내에 번역 시선집이 이미 두 권 나왔지만, 그럼에도 첼란은 독자에게 다가가게 하는 데 가장 중점을 두어야 하는 시인인 까닭에 마찬가지로 시선집 형식을 취했고, 대신 작품을 고르는 데 매우 고심하였다.

선집 초반에 첼란의 시 세계를 포괄적이고 개괄적으로 보여 주기 위해 대표적인 몇몇 작품을 골라 앞에 실었고, 다시 작품집별로 몇 편씩 추려 연대순으로 실었다. 번역이 거의 불가능한 후기 시집들, 특히 유고 시집들에서는 몇 편만 골랐다. 혜안이 담긴 시뿐만 아니라 시인의 흐려지는 의식이 엿보이는 시들도 넣었다.

번역은 전체적으로 원뜻을 살리면서도 될 수 있는 대로 우리말에 밀착시키려 애썼다. 시의 번역은 그 어떤 글의 번역보다 원문에 충실해야겠지만, 또한 새롭게 시를 쓰는 일이기도 하다. 그렇다고 풀어서 쓰지는 않았다. 단어 뜻만 옮기지 않고 시 안에서 그것에 실린 심상도 함께 옮겨 보려 했다. 예컨대 같은 식물이라도 때로는 곧이곧대로('Pappel'은 '포플러'), 때로는 단어의 뜻과 식물의 모습에 따라서 옮겼으며('Herbstzeitlose'는 '디기탈리스'나 '양지황' 대신 '때 잊은 가을나리 꽃'), 어떤 경우는 우리말에서 관용화된 표현을 피하고 시인의 뇌리에 강하게 남은 이미지를 표현할 단어를 찾기도 하고 ('사시나무' 대신 '은(銀)포플러'), 또 원어에서도 이미 낯선 데다가 독특한 개인적 심상까지 실린 경우에는 원어를 그대로 두고 ('Arnika'는 '아르니카 꽃') 그 모습과 이미지를 각주에서 설명하기도 했다. 시 한 편 한 편에 실린 무게를 감안하여 총괄적인 해설 대신 하나씩 주석을 달았다. 특히 앞쪽에 실은 시들에 주석을 많이 단 것은, 독자가 난해한 첼란의 시에 다가설 수 있도록 이해를 돕고 싶은 마음에서였다. 책의 말미에는 뷔히너 상 수상 연설문 「자오선」과 브레멘 시 문학상 수상 연설문, 거의 유일하게 남긴 산문 「산속의 대화」를 실었고, 첼란에 대한 간략한 소개와 함께 「자오선」과 그의 대표 시 「죽음의 푸가」를 통해 그의 시론과 시 세계를 정리해 보았다. 첼란의 아름답고 밀도 높은 글들이 번역으로 얼마나 전달될지 아직도 마냥 조심스럽기만 하다.

 그사이 태어나서 자라, 예전의 나처럼 첼란의 시를 아끼는 딸이 시를 추리고 번역을 다듬는 힘든 일을 도왔다. 세인이에게, 시간에 감사한다. 첼란 시를 공부하는 제자가 책을 마무리하는 과정에서 여러 가지 도움을 주었다. 정민이에게 감사한다. 책이 나오면 첫 권은 첼란의 고향으로 들고 가고자 한다. 그곳에 첼란은 없지만,

다른 땅 끝에서 첼란을 읽었다는 이유만으로 첼란 학회가 열리면 나를 불러 주곤 하는 사람들이 있다.

                                                    2011년 여름
                                                      전영애

1955	시집 『문턱에서 문턱으로』 발표. 아들 에릭 출생.
1958	자유 한자 도시 브레멘 문학상 수상.
1959	시집 『언어창살』 발표. 파리고등사범학교에서 독일어 교사로 재직함. 산문 『산속의 대화』 발표.
1960	게오르크 뷔히너 상 수상.
1963	시집 『그 누구도 아닌 이의 장미』 발표.
1964	노르트라인베스트팔렌 주 문예대상 수상.
1967	시집 『숨결돌림』 발표.
1968	시집 『실낱태양들』 발표.
1969	생애 최초로 이스라엘 방문.
1970	4월 20일(추정일) 센 강에서 투신자살. 준비하던 시집 『빛의 강박』 발표.
1971	유고 시집 『눈[雪]파트』 출간.
1976	유고 시집 『시간의 뜨락』 출간.

작가 연보

1920	11월 23일, 부코비나의 수도 체르노비츠의 평범한 유대인 가정에서 외아들로 태어남. 본명은 파울 안첼(Paul Antschel).
1938	체르노비츠 김나지움 졸업, 프랑스 투르 의대 예과에 입학. 빈 대학으로 진학하기 원했으나 나치 집권 이후 확산된 유대인 박해 때문에 여의치 않았음.
1939	여름 방학 때 고향에 내려온 사이 2차 세계대전 발발. 체르노비츠 대학에서 불문학을 공부함.
1940	독일-루마니아 연합군이 체르노비츠에 진주하여 유대인과 우크라이나인을 약탈, 살해함. 이어 나치 친위대가 게토를 만들어 유대인을 본격적으로 집단 수용소로 송치함.
1942	첼란의 부모는 한밤중 수용소로 끌려가 죽음을 당한 것으로 추정. 홀로 피신했던 첼란은 루마니아 노동 수용소에 수용됨.
1944	소련군이 체르노비츠를 재점령함. 첼란은 노동 수용소에서 풀려나 잠시 정신병원 임시 조수로 일함. 가을부터 영문학을 공부함.
1945	종전과 함께 루마니아의 수도 부카레스트로 떠남. 루마니아 잡지 《아고라》에 안첼(Ancel)의 철자를 재배열한 첼란(Celan)이라는 이름을 처음 사용하여 시 3편을 게재함. 이 시절에 쓰인 시들은 친구에게 맡겨져 있다가 후일 유고 시집에 수록됨.
1947	오스트리아에 밀입국하여 빈에 도착함.
1948	첫 시집 『유골 항아리에서 나온 모래』 발표. 7월에 파리로 이주. 독문학과 언어학을 공부함.
1950	번역 자격증을 취득하여 이후 번역가이자 자유 문필가로 활동하며 생계를 이음.
1952	시집 『양귀비와 기억』 발표. 프랑스 화가 레스트랑주와 결혼.

옮긴이 전영애

서울대학교 독문과 및 동 대학원을 졸업했다. 한국괴테학회 회장을 역임했고, 현재 서울대 독문과 교수로 재직 중이며, 독일 프라이부르크 대학교 고등연구원에서 연구원으로 활동하고 있다. 지은 책으로 『어두운 시대와 고통의 언어: 파울 첼란의 시』, 『카프카, 나의 카프카』, 『괴테의 도시 바이마르에서 온 편지』, 『괴테와 발라데』 등이 있고, 옮긴 책으로 『괴테 시 전집』, 『괴테 자서전—시와 진실』(공역), 『데미안』, 『변신·시골의사』, 『말테의 수기』, 『보리수의 밤』 등이 있다. 2011년 괴테 연구에 기여한 사람들에게 수여하는 상 중 최고 영예의 상으로 꼽히는 괴테 금메달을 동양인 최초로 수상했다.

죽음의 푸가
— 파울 첼란 시선

1판 1쇄 펴냄 2011년 7월 29일
1판 6쇄 펴냄 2024년 5월 20일

지은이   파울 첼란
옮긴이   전영애
발행인   박근섭, 박상준
펴낸곳   (주)민음사

출판등록 1966. 5. 19. (제16-490호)
주소   서울특별시 강남구 도산대로1길 62(신사동)
        강남출판문화센터 5층 (우편번호 06027)
전화   대표전화 02-515-2000
        팩시밀리 02-515-2007
        www.minumsa.com

한국어 판 ⓒ (주)민음사, 2011. Printed in Seoul, Korea

ISBN 978-89-374-8383-7 (03850)

* 잘못 만들어진 책은 구입처에서 교환해 드립니다.